Comment créer de la richesse

Vivez la vie de vos rêves en créant le succès et en étant inarrêtable

Jean Martin

Table des matières

étendue, seront considérées comme un acte illégal, quelle que soit la forme finale de l'information. Cela inclut les versions copiées de l'œuvre, qu'elles soient physiques, numériques ou audio, à moins que l'éditeur n'ait donné son consentement exprès au préalable. Tous droits supplémentaires réservés.

En outre, les informations qui se trouvent dans les pages décrites ci-après sont considérées comme exactes et véridiques lorsqu'il s'agit de relater des faits. À ce titre, toute utilisation, correcte ou incorrecte, des informations fournies dégagera l'éditeur de toute responsabilité quant aux actions entreprises en dehors de son champ d'action direct. Quoi qu'il en soit, il n'existe aucun scénario dans lequel l'auteur original ou l'éditeur peuvent être considérés comme responsables de quelque manière que ce soit des dommages ou des difficultés qui peuvent résulter de l'une des informations présentées ici.

En outre, les informations contenues dans les pages suivantes ne sont destinées qu'à des fins informatives et doivent donc être considérées comme universelles. Comme il sied à leur nature, elles sont présentées sans garantie quant à leur validité prolongée ou leur qualité intermédiaire. Les marques commerciales mentionnées le sont sans autorisation écrite et ne peuvent en aucun cas être considérées comme une approbation du détenteur de la marquee.

Introduction

Prendre sa réussite en main est l'un des plus beaux cadeaux que l'on puisse s'offrir dans cette vie. Trop souvent, les gens se laissent guider par les autres et passent leur vie à aider quelqu'un d'autre à réussir, au lieu de se diriger eux-mêmes vers le succès. Ce comportement particulier les conduit à ne jamais réaliser leur propre grandeur et à ne jamais atteindre leur plein potentiel parce qu'ils vivent constamment selon les idéaux des autres.

Je peux déjà dire que vous n'êtes pas le genre de personne qui veut s'asseoir et passer sa vie à vivre selon les normes des autres. Vous n'avez aucun désir de marcher dans l'ombre de quelqu'un d'autre et d'expérimenter la médiocrité parce que vous avez les yeux fixés sur quelque chose de bien plus magnifique et significatif que la plupart des gens. Vous visez quelque chose de beaucoup plus élevé. Vous voulez plus.

Pour en faire plus, vous devez non seulement être prêt à prendre en main votre propre destin, mais aussi à mettre en œuvre les mesures nécessaires pour vous aider à créer le destin que vous souhaitez. Vous devez trouver en vous la capacité de transformer votre rêve et votre volonté en un plan d'action, puis de mener à bien ce plan d'action afin que vous puissiez commencer à vivre réellement les rêves que vous vous êtes fixés. Lorsque vous prenez votre dynamisme et votre énergie et que vous les transformez en un plan que vous pouvez suivre, vous développez une réalité où vous ne réaliserez rien de moins que tout ce dont vous avez toujours rêvé. Cette réalité ne peut être atteinte que par vous, et vous seul, cependant. Ce n'est pas un destin que vous atteindrez en restant assis à prier pour que quelqu'un d'autre mette sur vos genoux les opportunités et les expériences nécessaires pour que vous y arriviez. Personne ne viendra vous sauver de la médiocrité, si ce n'est vous-même.

Parce que je comprends la faim et l'envie que vous avez dans votre cœur et qui vous fait vouloir plus, je veux vous donner le plan dont vous avez besoin pour transformer cela en réalité. Je veux prendre ce livre et vous montrer comment vous pouvez transformer votre rêve en un objectif, et votre objectif en un plan tangible que vous pouvez suivre étape par étape pour vous aider à voir les résultats que vous désirez. En vous montrant ces informations, je vous donne tout ce dont vous avez besoin pour cesser de parler de ce que vous voulez dans la vie et commencer à le réaliser. Tout ce que vous avez à faire, c'est de suivre ces étapes pour créer votre propre plan étape par étape, puis de suivre ce plan jusqu'à ce que vous obteniez les résultats que vous souhaitez.

Bien que ce processus puisse sembler simple, je dois vous avertir qu'il n'est pas fait pour les âmes sensibles. Vous allez vous sentir dépassé, frustré, et même parfois incompétent. Ces sentiments et expériences sont tout à fait normaux et chacun d'entre nous les éprouve sur le chemin de la réussite. La seule chose qui sépare ceux qui réussissent de ceux qui ne réussissent pas est la volonté de continuer quoi qu'il arrive. Si vous avez cette véritable faim dans votre cœur qui vous fait désirer davantage et qui ne vous laissera pas vous reposer avant d'avoir atteint votre but, vous avez exactement ce dont vous avez besoin pour prendre ce plan et le transformer en votre propre succès. Rien ne vous empêchera d'atteindre ce que vous voulez, car vous avez décidé que rien ne vous arrêterait, et vous continuerez donc à avancer jusqu'à ce que vous arriviez exactement là où vous voulez être.

Si vous souhaitez commencer à élaborer votre propre plan de réussite personnelle et professionnelle, je vous encourage à prendre un stylo et un carnet et à vous lancer. Veillez à prendre votre temps et à accomplir chaque étape de la manière la plus complète possible afin de vous préparer à réussir dès le premier jour. Les gens qui sont destinés à réussir savent que leurs plans doivent être solides comme le roc pour fonctionner, et ils font toutes les recherches et les planifications nécessaires avant d'arriver là où ils veulent aller. Cela va vous demander beaucoup de découvertes personnelles, ainsi que des recherches professionnelles et pratiques, alors soyez prêt à travailler pour créer une base qui sera suffisamment solide pour vous mener là où vous voulez aller. Si vous vous sentez prêt à entreprendre ce voyage, poursuivez votre lecture !

Chapitre 1 : Le succès ne peut jamais survenir sans la bonne mentalité

La première chose que vous pouvez faire pour vous-même lorsqu'il s'agit d'établir une base solide pour commencer à construire votre succès est de vérifier votre mentalité et d'amorcer votre état d'esprit. Votre esprit est l'outil le plus puissant dont vous disposez, et il vous offre le plus grand avantage lorsqu'il s'agit de réaliser tout ce que vous voulez dans cette vie. Si vous apprenez à comprendre votre esprit et à l'utiliser à votre avantage, vous aurez toujours le dessus dans tous les domaines de votre vie, car vous serez équipé de l'outil le plus puissant qui soit. Il n'y a absolument rien dans ce monde qui n'ait été accompli par un esprit fort ; chaque progrès et chaque réalisation de l'humanité ont été le fait de quelqu'un qui a su activer et exploiter la puissance de son esprit. Si vous voulez réaliser de grandes choses dans cette vie, vous devez apprendre à activer et à exploiter cette même puissance.

Votre état d'esprit est et sera toujours la principale différence entre vous et les gens qui vous entourent, et c'est quelque chose qui ne vous quittera jamais, quoi qu'il arrive. Alors que d'autres choses peuvent s'écrouler ou que des problèmes inattendus peuvent survenir, votre état d'esprit vous permettra toujours d'aller de l'avant. En raison de sa puissance, il est absolument crucial que vous maîtrisiez votre esprit avant de passer à l'élaboration de vos projets personnels et professionnels. En faisant cela au préalable, vous vous assurez que vos rêves vous sont vraiment personnels et qu'ils vous offrent ce que vous voulez vraiment dans cette vie. De cette façon, vous ne développez pas des rêves basés sur les désirs ou les croyances de quelqu'un d'autre.

Une autre raison importante pour laquelle vous voulez développer votre état d'esprit dès le début est qu'il vous aidera à créer un plan incroyablement puissant qui a le potentiel de vous amener là où vous voulez aller. Si vous ne prenez pas le temps de maîtriser d'abord votre état d'esprit, votre plan risque d'être truffé de faiblesses et de lacunes qui l'empêcheront d'être suffisamment solide pour vous aider à découvrir les résultats souhaités. Afin de vous assurer que vos fondations sont vraiment aussi solides qu'elles doivent l'être, nous allons commencer par identifier la mentalité que vous devez avoir et les perspectives que vous devez favoriser pour vous aider à réussir.

La mentalité du leader

Lorsqu'il s'agit de cultiver le succès dans votre vie, vous devez commencer par avoir une mentalité de leader. La mentalité de leader ne signifie pas nécessairement que vous allez diriger d'autres personnes, bien que de nombreuses personnes ayant une mentalité de leader jouent le rôle de leader et assument volontiers ce rôle dans leur vie. Ce que la mentalité de leader signifie, c'est que vous allez assumer le rôle de leader dans votre propre vie afin de vous conduire vers la grandeur et le succès que vous désirez.

La mentalité de leader est quelque chose que nous créons, et non quelque chose dont nous sommes dotés. Chaque leader que vous voyez et que vous admirez peut-être en ce moment a passé du temps à apprendre comment devenir un leader en cultivant son état d'esprit et en découvrant la mentalité qui accompagne le fait d'être un leader. Au fur et à mesure qu'ils s'instruisent et reconnaissent cette pratique, ils deviennent de plus en plus aptes à se diriger eux-mêmes et, par conséquent, à diriger les autres également.

L'état d'esprit d'un leader se caractérise par de nombreux éléments différents, mais il existe généralement sept caractéristiques clés qu'absolument tous les leaders doivent posséder pour réussir dans leur vie. Ces caractéristiques sont les suivantes : ouverture d'esprit, ambition, désir d'obtenir un RCI, conviction que c'est important, peur des conséquences de l'inaction, examen de conscience et volonté de s'améliorer. Si vous parvenez à développer et à travailler sur ces sept caractéristiques dans votre vie, vous pourrez développer votre rôle personnel de leader dans votre vie afin de vous conduire vers la grandeur.

L'ouverture d'esprit est importante car elle vous donne la possibilité de toujours rester prêt à voir au-delà de votre perspective actuelle. Les leaders savent qu'ils ne sont pas les seuls à avoir de bonnes idées ou de bonnes informations, et ils savent que le moyen de mettre la main sur davantage de bonnes idées et de bonnes informations est de rester ouvert. Ainsi, ils s'efforcent toujours de garder l'esprit ouvert et de se tenir aussi réceptifs que possible aux nouvelles idées et aux nouvelles possibilités.

Les leaders restent ambitieux en ce sens qu'ils sont toujours ouverts à l'amélioration et qu'ils essaient toujours de progresser d'autant de façons différentes qu'ils le peuvent. Ils sont avides d'opportunités, de croissance et d'avancement et s'efforcent donc toujours d'aller de l'avant de toutes les manières possibles. Souvent, un leader vraiment puissant se développe de plusieurs façons à un moment donné, car il sait qu'il a l'énergie et le potentiel pour faire beaucoup plus qu'une seule chose dans sa vie. Si vous vous retrouvez à la tête d'une équipe, vous devriez également vous concentrer sur le développement de l'ambition au sein de votre équipe, de sorte que lorsque vous les dirigez, vous les aidez à devenir des leaders dans leur propre vie également.

Le désir de retour sur investissement signifie essentiellement que le dirigeant est toujours prêt à travailler dur, mais qu'il doit savoir que le travail qu'il accomplit sera raisonnablement récompensé. Les leaders ne s'intéressent pas seulement aux petits retours sur investissement. Ils veulent savoir qu'ils obtiennent le meilleur rendement possible de leur investissement afin de s'assurer qu'ils investissent de la manière la plus intelligente possible. Cela inclut l'utilisation du temps, de l'énergie, de l'argent, des connaissances, des efforts et de tout ce qu'ils peuvent investir dans quelque chose. De ce fait, si un leader investit en vous, sachez que c'est parce qu'il voit en vous un potentiel et qu'il croit que vous aurez un "rendement" élevé à long terme.

En plus de savoir qu'il obtiendra un retour sur investissement élevé, un leader doit également savoir que ce dans quoi il investit est réellement important. Les vrais leaders n'investiront jamais dans quelque chose s'ils n'en voient pas l'importance, car, peu importe ce qu'ils peuvent obtenir en retour, cela semble inutile s'il n'y a pas de valeur réelle derrière ce dans quoi ils investissent. Les leaders sont souvent engagés dans au moins une cause ou un objectif majeur au cours de leur vie, qui les pousse à aller de l'avant et à créer ce qui, selon eux, a suffisamment de valeur pour valoir leur investissement. Dans un sens, c'est le ROI du jeu à long terme, où ils investissent la quantité ultime de temps, d'énergie, d'argent, de connaissances et d'efforts dans une chose majeure et globale qui, ils l'espèrent, aura d'énormes retombées à long terme.

En plus d'être fortement motivés *par* quelque chose, les leaders sont également fortement motivés *par* quelque chose. Ils sont poussés par la peur des conséquences qu'ils pourraient avoir s'ils n'agissaient pas. Ils ont peur que s'ils n'agissent pas, les conséquences seront beaucoup plus importantes que le risque d'agir, et donc les leaders agiront toujours en dépit du risque parce qu'ils savent que c'est mieux que de rester assis à regretter d'avoir essayé. Bien sûr, ils feront toujours ce qu'ils peuvent pour minimiser le risque, mais ils iront toujours de l'avant malgré les risques qui peuvent exister afin de pouvoir profiter des avantages possibles de l'action qu'ils ont entreprise si elle s'avère payante à long terme.

L'introspection est une chose qui semble souvent surprenante pour les personnes qui n'ont pas encore creusé leur style de leadership personnel, mais elle est très importante pour devenir un leader. L'introspection permet aux gens d'en savoir toujours plus sur eux-mêmes, sur ce qui les intéresse vraiment ou sur ce qu'ils veulent accomplir dans le monde. Souvent, vous entendrez parler de leaders qui ont entrepris une sorte de voyage ou de périple qui les a amenés à faire leur introspection et à apprendre en cours de route des faits extrêmement intimes et importants sur eux-mêmes. Ce processus qui consiste à apprendre à se connaître et à comprendre profondément qui vous êtes et ce qui vous motive vous permet de mieux comprendre comment vous pouvez vous diriger et comment vous pouvez diriger les autres.

En plus de l'introspection, un leader doit toujours s'engager à s'améliorer. L'amélioration de soi est la façon dont vous transformez les résultats de votre introspection en quelque chose qui vous permet d'évoluer et de devenir encore meilleur au fil du temps. Grâce à l'auto-amélioration, vous pouvez compenser vos défauts et vous lancer dans la voie de la grandeur en vous efforçant régulièrement de faire toujours mieux. Grâce à cela, vos résultats augmentent massivement et vous êtes en mesure d'avancer continuellement dans la vie. Seuls les autres leaders comprendront l'importance d'une croissance constante, car il semble que toute personne qui n'est pas un leader soit parfaitement à l'aise pour rester stagnante dans les mêmes conditions confortables toute sa vie. Pour un leader, en particulier celui qui a pris le temps de développer ses qualités de leader, rester stagnant et confortable est probablement l'une des pires choses qu'il puisse vivre. Ils ont soif de croissance, même s'ils ne peuvent pas toujours expliquer pourquoi.

Entrepreneur VS. Employé

Pour adopter cet état d'esprit de leader, un changement majeur doit avoir lieu afin que vous puissiez réellement adopter cette mentalité de leader et aller de l'avant. Si vous voulez vous enfermer dans cette mentalité de leader, vous devez cesser de jouer le rôle de l'employé et commencer à entrer dans votre rôle d'entrepreneur ou de leader. En particulier si vous voulez ouvrir votre chemin vers la liberté financière et vraiment transformer votre vie de façon massive, l'entrepreneuriat est la seule façon d'avancer. L'esprit d'entreprise est la forme ultime de leadership, car vous mettez vos finances, vos responsabilités et votre style de vie entre vos mains pour les façonner comme bon vous semble. Lorsque vous possédez le pouvoir d'un entrepreneur, vous possédez le pouvoir ultime de transformer votre vie et d'aller de l'avant de façon majeure.

Les employés et les entrepreneurs ou les dirigeants qui ont une mentalité d'employé n'exploitent jamais vraiment tout leur potentiel parce qu'ils se concentrent toujours sur la façon dont ils peuvent servir le rêve de quelqu'un d'autre. Ils attendent toujours des instructions, espèrent que quelqu'un d'autre leur dira quoi faire et s'attendent à ce que le succès leur tombe tout cuit dans le bec. Ces personnes n'assument jamais pleinement la responsabilité de leur réussite parce qu'elles ne sont pas prêtes à accepter toute la responsabilité et l'engagement nécessaires pour réussir.

De nombreux dirigeants et entrepreneurs sont surpris de constater que, malgré certains des changements qu'ils ont opérés dans leur vie, ils sont peut-être encore attachés à la mentalité d'employé. Si vous vous trouvez dans la position d'un entrepreneur ou d'un leader mais que vous attendez toujours que quelqu'un vous dise quoi faire, ou que le succès vous tombe dessus, c'est que vous n'avez pas encore réussi à changer complètement votre état d'esprit. Attendre que le succès vienne à vous, blâmer les autres pour votre manque de succès ou attendre que quelqu'un trace votre chemin pour vous est un signe que vous êtes encore dans une mentalité d'employé. Si vous acceptez de ne vivre que selon les attentes et les rêves que quelqu'un d'autre a définis pour vous, c'est parfait. Cependant, si vous voulez vous éloigner de la médiocrité, avoir votre mot à dire dans votre vie et être capable de faire des changements pour vous-même, vous devez vous permettre de vous approprier votre esprit d'entreprise.

Vous devez être prêt à assumer la responsabilité totale de vous-même, de vos pensées, de vos paroles et de vos actions. Vous devez être prêt à vous tenir pour responsable, même si vous devez le faire d'une manière qui vous semble douloureuse ou qui vous oblige à aborder des parties de vous-même qui sont très peu développées ou peu performantes. En fait, vous devez *surtout* être prêt à vous responsabiliser lorsque vous rencontrez ces parties plus faibles de vous-même. Ce faisant, vous devez être prêt à vous considérer comme quelqu'un qui a le pouvoir et la capacité non seulement de reconnaître ces parties faibles de vous-même, mais aussi de les transformer en quelque chose de magnifique. En vous apprenant à guérir vos faiblesses ou à développer de nouvelles compétences qui compensent vos faiblesses, vous vous assurez de toujours pouvoir grandir et devenir une version plus forte et meilleure de vous-même.

En plus d'apprendre à vous gérer vous-même, passer du statut de salarié à celui d'entrepreneur vous permet d'apprendre à gérer les autres également. Par gérer les autres, j'entends apprendre à aider les autres et à les soutenir dans leur croissance sans affecter la vôtre. La réalité est la suivante : si vous devenez entrepreneur, il y a de fortes chances que vous ayez des employés que vous devrez diriger, et vous devez être capable de diriger ces employés sans risquer votre propre croissance. Vous devez connaître l'équilibre parfait entre déléguer et guider afin de pouvoir leur montrer comment se développer et comment accomplir des tâches par eux-mêmes, sans pour autant vous priver de l'énergie nécessaire pour vous développer ou vous améliorer. Lorsque vous apprenez à vous guider réellement vers votre propre croissance et à guider les autres vers la croissance également, vous commencez à maîtriser l'art véritable de l'entrepreneuriat.

Passer du statut de salarié à celui d'entrepreneur n'est pas donné à tout le monde, et il faut parfois un certain temps pour s'y habituer, même si vous pensez sincèrement que cette transition est faite pour vous. Comme pour toute chose, cette transition demande du temps et des efforts et elle vous obligera à regarder réellement qui vous êtes et ce dont vous êtes capable et à décider si vous voulez ou non faire les efforts nécessaires pour y parvenir. Si c'est le cas, vous devez vous donner à fond et être prêt à faire tout ce qui est en votre pouvoir pour vous aider à passer d'un mode de vie où vous êtes dirigé par les autres à un mode de vie où vous vous dirigez vous-même vers vos propres résultats.

L'art de toujours apprendre

Les entrepreneurs et les leaders ont une chose massive en commun, c'est qu'ils sont toujours en train d'apprendre. Apprendre en permanence signifie avoir un état d'esprit de croissance, et un état d'esprit de croissance est le signe d'un leader et d'un entrepreneur qui réussit. Avec votre état d'esprit de croissance, vous pouvez voir le monde comme un endroit qui regorge d'opportunités et de potentiel et comme un endroit où vous pouvez exister pour apprendre de ces opportunités et de ce potentiel. Vous découvrez des moyens de devenir encore meilleur, et vous trouvez des occasions de toujours grandir en vous et dans le monde qui vous entoure.

Lorsque vous avez une attitude de croissance, vous croyez que toutes vos capacités et compétences peuvent être améliorées et vous croyez que vous avez le potentiel pour le faire. Cela signifie que vous êtes toujours ouvert à la possibilité que même les choses qui vous paraissent difficiles en ce moment puissent être améliorées afin que vous puissiez faire mieux et qu'elles deviennent plus faciles pour vous à l'avenir. Avec un véritable état d'esprit de croissance, la croyance ne s'étend pas seulement à un seul domaine de votre vie, mais plutôt à tous les domaines de votre vie. Les personnes qui ont une attitude de croissance croient sincèrement qu'elles peuvent améliorer tout ce qu'elles veulent et que si elles sont prêtes à y consacrer de l'énergie, elles peuvent développer des compétences dans n'importe quel domaine de leur vie.

Il est important d'avoir un état d'esprit de croissance, et vous devriez vous efforcer de développer votre propre état d'esprit de croissance en vous-même. Ce faisant, vous restez ouvert au potentiel et à la capacité d'apprendre davantage au fur et à mesure, ce qui signifie que vous aurez toujours accès aux connaissances dont vous avez besoin pour obtenir les résultats que vous souhaitez. Cela vous amène essentiellement à avoir l'esprit ouvert, mais d'une manière qui signifie que vous êtes non seulement prêt à apprendre davantage, mais aussi à *essayer* davantage. Ce qui est, en fait, une autre différence clé entre les leaders et les non-leaders.

C'est bien d'être prêt à en apprendre davantage, mais il faut aussi être prêt à mettre en œuvre toutes les nouvelles connaissances ou leçons que vous rencontrez en cours de route. Pour ce faire, vous devez d'abord être capable de déchiffrer les leçons ou les compétences qui valent la peine d'être apprises, et celles qui ne valent pas votre temps. C'est là qu'il est utile de pouvoir utiliser un besoin de retour sur investissement élevé et un besoin d'importance de ce que vous faites. Si vous êtes en mesure d'identifier le retour sur investissement élevé de la leçon ou de la pratique *et que* vous pouvez clairement reconnaître son importance, vous avez une leçon ou une pratique qui vaut la peine que vous l'essayiez.

Une fois que vous avez décidé d'essayer quelque chose de nouveau, vous devez également être prêt à surveiller cette nouvelle chose au fur et à mesure. Vous devez la mettre en œuvre de manière approfondie et au mieux de vos capacités, tout en la contrôlant pour vous assurer qu'elle vous donne effectivement les résultats que vous souhaitez. Si vous constatez que ce n'est pas le cas, vous pouvez pivoter et essayer d'adapter votre approche pour améliorer votre capacité à obtenir les résultats souhaités. Si, toutefois, après quelques tentatives et pivots, vous constatez qu'elle ne vous donne pas les résultats escomptés et que vous ne voyez pas comment elle pourrait le faire, soyez prêt à abandonner paisiblement cette pratique et à passer à quelque chose qui vous rapportera probablement davantage.

Savoir faire la différence entre ce qui est une bonne idée et ce qui ne l'est pas, et entre ce qui fonctionne et ce qui ne fonctionne pas, est incroyablement important lorsque vous essayez de vous développer en tant que personne. En étant capable de déchiffrer ce type d'information, vous vous donnez la possibilité de vous assurer que vous essayez toujours de nouvelles choses, mais que vous ne perdez jamais votre temps avec des pratiques qui ne vous servent pas. En effet, vous ne voulez pas abandonner avant d'avoir eu la chance d'obtenir des résultats, mais vous ne voulez pas non plus vous accrocher à quelque chose qui ne vous donnera pas de résultats. Vous pouvez trouver le juste milieu en examinant régulièrement les nouvelles pratiques et même en travaillant avec des mentors pour vous assurer que vous les utilisez correctement avant de les abandonner.

Comment percevoir le processus de planification

Lorsqu'il s'agit de planification, je veux que vous vous concentriez vraiment sur l'état d'esprit que vous entretenez. Il est important d'avoir le bon état d'esprit en matière de planification, car cela garantit que vous allez aborder l'ensemble du processus de planification d'une manière efficace qui vous permettra d'obtenir les résultats que vous souhaitez. Comme le reste de ce livre est largement axé sur la planification et l'exécution des plans, vous pouvez comprendre pourquoi il s'agit d'un état d'esprit incroyablement important à comprendre et à mettre en œuvre dans votre vie.

La plupart des gens ne réalisent pas que la planification est un outil beaucoup plus puissant que ce que l'on croit. Avoir des plans solides et bien élaborés est la clé du succès dans toutes les situations de votre vie, et savoir comment s'appuyer sur ces plans et les suivre est également important. Idéalement, vous voulez considérer vos plans comme la base de tout ce que vous allez faire, et comme pour toute base, vous devez la rendre aussi solide que possible pour qu'elle puisse supporter tout ce que vous construisez dessus. Si vous ne prenez pas le temps de construire vos plans pour en faire une base solide et puissante, il y a de fortes chances que vous ne puissiez rien construire de significatif à partir de vos plans.

Lorsqu'il s'agit d'aborder vos plans, vous devez les respecter pour qu'ils constituent la base solide qu'ils sont censés être. Cela signifie que vous devez être prêt à commencer immédiatement non seulement à élaborer des plans, mais aussi à les affiner et à faire toutes les recherches nécessaires pour vous assurer que ces plans sont aussi solides que possible. Lorsque vous avez terminé vos plans, vous devez être absolument certain que tout ce que vous y avez mis a fait l'objet de recherches approfondies et est vrai au mieux de vos capacités, de sorte que lorsque le moment est venu de suivre ces plans, vous pouvez les suivre sans avoir à y penser. Ainsi, plutôt que de perdre du temps à vous demander si le plan est suffisamment solide ou à essayer de l'affiner en cours de route, vous pouvez investir tout votre temps et toute votre énergie pour mener à bien ce plan et le faire fonctionner pour vous. En conséquence, vous avez beaucoup plus de chances d'obtenir des résultats avec votre plan, car vous en aurez élaboré un qui a été conçu pour vous permettre d'obtenir les résultats que vous souhaitez.

Une chose à laquelle vous devez faire particulièrement attention en matière de planification, c'est de vous assurer que vous avez planifié suffisamment bien, mais que vous ne vous retrouvez pas coincé dans une paralysie d'analyse de votre plan. Si vous planifiez trop longtemps, vous risquez de transformer la phase de planification en une excuse pour remettre à plus tard, au lieu de l'utiliser comme un outil pour vous aider à créer les résultats que vous souhaitez. Le point idéal est de passer suffisamment de temps sur votre plan pour avoir confiance en lui et accepter le fait qu'il ne sera jamais parfait et que, si vous en avez absolument besoin, vous pourrez l'adapter à tout moment pour vous aider à obtenir les résultats que vous souhaitez. En fait, si vous succombez à la paralysie de l'analyse, vous trouverez peut-être avantageux de prévoir quelques "révisions" dans votre plan afin de savoir quand vous pourrez le revoir pour voir où vous en êtes. Le fait de savoir que ces révisions sont à venir peut vous donner la motivation dont vous avez besoin pour passer de l'analyse et de la planification à la mise en œuvre de votre plan et à l'obtention des résultats que vous souhaitez.

Bien que la planification soit en grande partie une activité dont le début, le milieu et la fin sont clairs et faciles à suivre, il peut être utile d'adapter des techniques et des styles de planification qui peuvent rendre la planification encore plus facile pour vous. Plus vous adapterez vos stratégies de planification à vos besoins, tout en conservant l'objectif et l'avantage principaux de la planification, plus vous vous améliorerez dans ce domaine et plus vos plans seront solides.

Chapitre 2 : Vous n'irez nulle part si vous ne connaissez pas vos plans à long terme

Maintenant que vous comprenez l'état d'esprit fondamental qui sous-tend l'élaboration de plans pour vous-même, il est temps pour vous de commencer à élaborer des plans pour votre propre avenir ! La création de plans pour vos rêves est une étape qui doit être franchie si vous voulez trouver votre chemin vers les résultats que vous désirez. Lorsque vous commencez à créer ces plans, vous devez prendre en compte de nombreux éléments pour vous assurer qu'ils sont suffisamment solides pour vous mener là où vous voulez aller. Je vous encourage à prendre votre temps pour lire l'ensemble de ce chapitre et à suivre pas à pas le processus de création de vos plans à long terme afin de voir exactement ce que vous voulez accomplir au cours de votre vie. Si vous travaillez correctement sur ce chapitre, non seulement vous en sortirez avec des plans puissants qui vous mèneront au succès que vous désirez, mais vous en sortirez aussi avec une immense clarté qui vous aidera à savoir exactement ce que vous cherchez à accomplir.

Les étapes à suivre pour créer ces plans à long terme sont les suivantes : identifier ce que vous voulez vraiment pour vous-même, imaginer comment chaque partie de votre vie y contribue, reconnaître ce que vous pouvez faire pour que cela devienne réalité, et définir votre plan pour aller de l'avant.

Lorsque vous en aurez terminé avec tout cela, vous devriez également vous sentir très motivé en réalisant que tout ce que vous voulez est bien plus réalisable que vous ne le pensiez. Grâce à cela, vous devriez avoir beaucoup d'énergie derrière vous pour aller de l'avant et construire l'élan dont vous avez besoin pour créer les résultats que vous désirez !

Première étape : votre chef-d'œuvre

Pour élaborer votre plan directeur, vous devez commencer par créer votre chef-d'œuvre ! Votre chef-d'œuvre est la vision que vous avez de vous-même et de votre vie, et c'est une vision qui évoluera probablement tout au long de votre vie, en y ajoutant toujours de nouveaux éléments et en la développant de manière nouvelle et améliorée. Malgré le fait qu'il sera en constante évolution, le rêve fondamental que vous avez restera probablement le même tout au long de votre vie, et vous devez savoir ce qu'est ce rêve fondamental. Plus vous serez clair sur ce rêve, plus il vous sera facile de développer un plan qui vous mènera dans la bonne direction. Si vous vous apercevez que vous n'êtes plus en résonance avec ce rêve, vous pouvez toujours le changer, alors essayez de ne pas mettre trop de pression sur cette étape. Cette étape devrait être passionnante, agréable et suffisamment puissante pour vous donner une base de départ.

Pour commencer à développer ce chef-d'œuvre de rêve, vous devez faire appel au pouvoir de la visualisation, de l'imagination et de la curiosité. Vous voulez combiner ces trois compétences avec la réalisation que dans vos rêves il n'y a pas de limites sur ce que vous pouvez ou ne pouvez pas faire, aussi. Idéalement, vous voulez que ce rêve capture ce que vous voulez vraiment si rien ne vous empêche d'avoir ce que vous pourriez avoir, en grande partie parce que le plan que vous allez créer ensuite devrait vous aider à dépasser toutes les limites qui vous empêchent d'avoir exactement ce que vous voulez.

Vous pouvez commencer votre pratique facilement en fermant simplement les yeux et en vous autorisant à rêver de ce que vous voulez exactement pour vous. Commencez par vous concentrer sur un seul domaine de votre vie, par exemple votre carrière. Imaginez ce qui se passerait si vous aviez la carrière de vos rêves. À quoi ressemblerait votre carrière ? Quels seraient vos rôles et vos responsabilités ? Quel type de réussite auriez-vous l'impression d'avoir atteint grâce à votre carrière ? Soyez aussi clair que possible avec ce que vous savez actuellement de vous-même et de vos désirs lorsqu'il s'agit d'identifier ce à quoi vous voulez que votre carrière ressemble.

Ensuite, commencez à vous concentrer sur votre patrimoine. À quoi voulez-vous que vos finances ressemblent ? Si vous n'aviez absolument aucune limite dans votre vie, combien d'argent gagneriez-vous et que feriez-vous avec cet argent ? Quelle impression cela vous ferait-il d'avoir cet argent ? Encore une fois, soyez aussi clair que possible en identifiant ce que vous voulez pour vous-même et comment vous voulez que cela s'intègre dans votre réalité.

Vous allez maintenant commencer à vous concentrer sur des choses qui dépassent le cadre de la carrière et des finances, mais qui restent incroyablement importantes pour votre chef-d'œuvre. Ces domaines de votre vie comprennent votre santé, vos relations, votre vie sentimentale, votre relation avec vous-même, vos loisirs et votre spiritualité ou votre religion. Concentrez-vous sur chacun de ces aspects de votre vie, un par un, et permettez-vous de réfléchir réellement à ce que vous essayez de créer pour vous-même et à la manière dont vous voulez le faire. Vous devez vous concentrer sur le développement d'une idée de ce à quoi cela ressemble, de ce que vous ressentez et de la manière dont chaque élément s'intègre dans votre tableau général.

En vous autorisant à rêver au-delà de votre carrière et de vos finances et à vous projeter dans le reste de votre réalité, vous vous assurez de pouvoir créer une carrière et un niveau de sécurité financière qui vous permettent réellement de développer le style de vie que vous souhaitez. Après tout, si vous voulez prendre votre vie en main et créer votre propre réalité, vous *devez* vous donner la possibilité de créer une réalité qui vaut vraiment la peine d'être poursuivie. En incorporant tous les aspects de votre réalité, vous vous assurez de créer une réalité qui vous excite et vous comble et qui vous donne véritablement tout ce que vous désirez dans la vie.

Après avoir élaboré votre chef-d'œuvre, je vous encourage à le mettre par écrit. Il est important de garder une trace de ce que vous voulez et de mettre en évidence les sentiments et les éléments clés de votre chef-d'œuvre. Ainsi, chaque fois que vous aurez du mal à rester sur la bonne voie, vous pourrez revoir ce que vous vouliez pour vous-même et ce que vous vouliez vraiment vivre dans votre vie. Idéalement, le fait de revoir ce plan devrait vous motiver. Cependant, vous pouvez aussi l'utiliser comme un moyen de suivre votre évolution et d'observer les changements que vous pourriez avoir par rapport à ce que vous voulez ressentir ou vivre. Le suivi de ces changements peut être un moyen amusant et utile de témoigner de votre croissance au cours de votre vie, ce qui peut être utile pour de nombreuses choses, allant de la nostalgie à l'indication de ce que vous pouvez améliorer dans votre vie.

Deuxième étape : les éléments pratiques

Maintenant que vous avez identifié ce que vous voulez pour vous-même, vous devez aller de l'avant et identifier les éléments pratiques de ce que vous voulez. Cela signifie que vous devez passer un certain temps à rechercher ce qui doit se passer pour que vos rêves deviennent réalité. C'est à ce stade que de nombreuses personnes peuvent se sentir intimidées et dépassées, car elles ne savent pas par où commencer. Souvent, lorsqu'il s'agit de faire de vos rêves une réalité, de nombreux éléments mobiles doivent entrer en jeu pour que vous obteniez les résultats escomptés. Par exemple, vous devez développer les compétences et les connaissances nécessaires pour réaliser vos rêves, et vous devez également acquérir certaines choses ou certains outils qui vous permettront de réaliser ces rêves. En identifiant tous les différents éléments nécessaires à la réalisation de vos rêves, vous pouvez commencer à établir votre plan de manière à créer une voie claire et nette pour faire de vos rêves une réalité.

Pour vous aider à minimiser le sentiment d'accablement que vous pouvez ressentir lorsqu'il s'agit d'identifier toutes ces différentes étapes, je veux vous aider à organiser réellement ces éléments pratiques et à les rassembler de manière à vous aider à créer la vie exacte que vous désirez. La meilleure façon de commencer est d'identifier chaque partie de votre vie comme un objectif distinct qui contribue à l'objectif plus large de vivre vos rêves. Pour vous rappeler, ces domaines de votre vie sont : la carrière, la richesse, la santé, les relations, la romance, la relation avec soi-même, les loisirs et la spiritualité ou la religion. Vous voulez prendre chaque domaine de votre vie et identifier votre rêve ou objectif global pour ce domaine de votre vie et commencer à identifier les choses pratiques qui doivent se produire afin que cet objectif devienne réalisable.

Commencez par identifier les compétences dont vous avez besoin en vous. Les compétences dont nous parlons en ce moment sont des compétences intrapersonnelles telles que votre estime de soi, votre ouverture d'esprit et votre capacité à rester conscient de vos propres pensées et comportements. Souvent, nous avons du mal à identifier ce qui doit changer en nous parce que cela nous oblige à faire un bilan honnête de qui nous sommes et de ce dont nous sommes capables. Pour beaucoup de gens, reconnaître leurs faiblesses et accepter d'assumer la responsabilité de la façon dont ces faiblesses ont affecté leur vie est un défi, car cela signifie également accepter un certain niveau de responsabilité pour des expériences de vie non désirées. Naturellement, c'est un véritable défi. Cependant, si vous voulez cultiver une quelconque croissance dans votre vie, vous allez devoir être honnête sur ce dont vous êtes réellement capable, sur les compétences que vous possédez actuellement et sur vos points faibles. Lorsque vous êtes en mesure d'être honnête avec vous-même sur votre situation actuelle, il devient plus facile d'atteindre un point de croissance, car vous êtes prêt à intégrer les compétences nécessaires à cette croissance.

Ensuite, vous devez réfléchir aux compétences que vous devez développer et qui sont peut-être moins personnelles. Il s'agit de compétences qui s'apparentent davantage à des compétences interpersonnelles, telles que votre capacité à écouter activement les autres, votre capacité à travailler en équipe et votre capacité à être fiable et digne de confiance. En travaillant sur ces compétences, vous vous assurez d'avoir ce qu'il faut pour travailler en toute confiance avec d'autres personnes pour atteindre vos objectifs, ce qui, croyez-le ou non, est incroyablement nécessaire. Lorsqu'il s'agit de réaliser la vie dont vous rêvez, le plus souvent ces rêves ne sont pas composés de solitude, ni de relations de mauvaise qualité. Vous voudrez probablement être entouré d'amis, de membres de votre famille et d'amoureux, ainsi que de personnes comme des membres de votre équipe et des employés. Plus vous parviendrez à collaborer avec d'autres personnes et à établir et cultiver des relations avec les gens de votre entourage, plus vous progresserez vers la réalisation de vos objectifs.

La couche suivante de compétences que vous devez examiner est en rapport avec vos capacités. Il s'agit de vos compétences plus pratiques, telles que votre capacité à placer une balle si vous voulez apprendre le golf ou votre capacité à utiliser un ordinateur si vous voulez développer une activité en ligne. Savoir comment intégrer ces compétences pratiques vous permettra non seulement de développer les outils personnels nécessaires à la réalisation de vos objectifs, mais aussi de prendre les mesures pratiques pour les atteindre. La combinaison de ces compétences intrapersonnelles, interpersonnelles et pratiques vous permettra d'avoir tout ce dont vous avez besoin pour commencer à développer les résultats que vous souhaitez.

Après vous être concentré sur la couche de compétences de votre plan, vous devez vous concentrer sur les outils. Les outils sont le dernier élément dont vous avez réellement besoin pour vous assurer que votre plan est suffisamment développé pour vous permettre de le poursuivre. Lorsqu'il s'agit d'identifier les outils dont vous avez besoin, vous tenez toujours compte de l'élément pratique de votre plan, car ces outils vont vous aider concrètement à progresser vers ce que vous désirez. Toute *chose* physique dont vous pourriez avoir besoin devrait être considérée comme un outil vous permettant de développer la vie de vos rêves, ce qui signifie que tout ce qui va de l'argent aux raquettes de tennis ou même une garde-robe élégante peut être considéré comme des outils pratiques. Vous devrez identifier les outils pratiques de vos rêves en fonction de vos rêves spécifiques et de ce que vous essayez d'accomplir dans votre vie.

Troisième étape : Rassembler les éléments et créer votre plan

C'est à ce stade que vous pouvez transformer toutes vos recherches et réflexions en un véritable plan étape par étape que vous pouvez suivre pour vous aider à transformer vos rêves en réalité. Vous allez maintenant prendre toutes les étapes d'action que vous avez réfléchies et les aligner afin de créer le résultat que vous souhaitez pour vous-même. Ici, vous allez essentiellement vous dessiner une carte pour aller de là où vous êtes à là où vous voulez être.

Pour commencer à créer votre plan, vous devez d'abord être incroyablement honnête sur la situation actuelle de votre vie, notamment par rapport à celle que vous souhaitez atteindre. C'est à ce moment-là que vous allez évaluer honnêtement chaque aspect de votre vie et réaliser où se trouvent vos forces et vos faiblesses actuelles et où vous devez vous améliorer et améliorer votre situation pour vous aider à atteindre vos objectifs. Vous devez être aussi honnête que possible avec vous-même, car c'est ainsi que vous pourrez élaborer le meilleur plan qui vous aidera à aller de l'avant. Si vous n'êtes pas honnête avec vous-même, soit en prétendant que vous êtes plus avancé que vous ne l'êtes, soit en discréditant votre situation en prétendant que vous êtes plus en retard que vous ne l'êtes, la création d'un plan sera incroyablement difficile. Vous constaterez qu'en essayant de créer ce plan, vous aurez du mal à identifier honnêtement les mesures à prendre parce que vous avez identifié de manière inexacte votre situation actuelle.

Une fois que vous avez identifié avec précision votre situation actuelle, vous devez vous demander où vous voulez aller et commencer à faire l'ingénierie inverse de votre objectif, de là où vous voulez aller à là où vous êtes maintenant. Documentez chaque chose qui doit se produire, depuis votre croissance personnelle et le développement de vos compétences jusqu'à certaines circonstances qui doivent être créées pour que vos objectifs soient atteints. Continuez à développer ce plan jusqu'à ce que vous reveniez à votre situation actuelle.

Au fur et à mesure que vous créez chaque étape de votre plan, assurez-vous que vous êtes parfaitement au courant de ce que ces étapes comprennent. Vous voulez que ces étapes soient aussi soigneusement planifiées que possible pour vous assurer que, lorsque le moment sera venu de mettre en œuvre cette étape, vous saurez exactement ce que vous devez faire pour réussir. N'oubliez pas que vos plans doivent être aussi complets que possible afin que vous puissiez raisonnablement compter sur eux pour vous aider à créer les résultats que vous souhaitez.

Après avoir créé votre plan et intégré chaque étape, faites vos recherches pour vous assurer que vous comprenez les compétences et les outils nécessaires à la réalisation de cette étape. Vous allez revérifier tout cela plus tard, alors prenez simplement le temps de vous assurer que vous avez été aussi minutieux que possible et que vous voyez clairement comment chaque étape doit se dérouler pour que vous puissiez réussir.

Quatrième étape : Validation de votre plan

Maintenant que vous avez rédigé l'ébauche de votre plan, vous devez commencer à créer le plan officiel que vous allez suivre.

C'est dans cette phase que vous devez commencer à valider votre plan pour vous assurer qu'il est suffisamment solide et fiable pour que vous puissiez vous y engager. En prenant le temps supplémentaire de valider et de renforcer votre plan, vous vous assurez que vous n'aurez aucune raison de douter de votre plan par la suite, ce qui signifie que vous serez moins susceptible de vous écarter de votre plan et plus susceptible de vous y engager.

Vous allez d'abord valider votre plan en l'examinant du début à la fin pour vous assurer que vous n'avez sauté aucune étape. Auparavant, vous avez élaboré votre plan par ingénierie inverse, ce qui signifie qu'idéalement, vous devriez avoir incorporé toutes les étapes nécessaires dans votre plan. Cependant, il est toujours possible qu'il ne soit pas aussi logique lorsque vous le regardez dans le bon sens. Si vous remarquez des lacunes importantes ou des domaines dans lesquels votre plan doit être renforcé, profitez-en pour identifier ces étapes supplémentaires et les mettre en place afin de vous assurer qu'il n'y a pas de lacunes évidentes dans votre plan.

Maintenant que vous avez comblé toutes les lacunes évidentes, vous devez passer méticuleusement votre plan au peigne fin pour vous assurer que chaque partie du processus a un sens. C'est là que vous devez vous assurer que chaque outil et chaque compétence fonctionnent ensemble d'une étape à l'autre pour obtenir ce que vous recherchez. Si vous avez l'impression qu'il manque quelque chose ou qu'il serait utile d'ajouter des outils et des compétences supplémentaires à votre plan à ce stade, c'est le moment idéal pour les intégrer à votre plan. Encore une fois, plus vous êtes minutieux, mieux c'est. Vous devez également faire des recherches sur chaque étape, en particulier sur celles qui vous rendent nerveux, afin de vous assurer que tout est en place pour votre réussite.

Enfin, vous souhaitez ajouter des échéances à chacune des étapes de votre plan afin de vous motiver à passer à l'action et à atteindre chaque étape dans un délai raisonnable. Même si aucune échéance externe ne vous pousse à créer les résultats que vous souhaitez, la création d'échéances personnelles est un excellent moyen de vous responsabiliser et de rester motivé pour atteindre les objectifs que vous vous êtes fixés. Plus vous travaillerez en fonction de ces échéances, plus vous progresserez efficacement vers vos objectifs à mesure que vous avancerez.

Enfin, une fois que tout est terminé, vous voulez revoir votre plan du début à la fin une fois de plus pour vous assurer que vous êtes absolument confiant et en accord avec ce que vous avez planifié pour vous-même. À présent, vous devriez avoir l'impression que tous les domaines de votre vie ont été raisonnablement mis en commun pour créer un plan plus vaste qui vous aidera à atteindre vos objectifs. Si vous l'avez fait correctement, vous pouvez être sûr d'avoir un plan sur lequel vous n'aurez pas besoin d'être obsédé, de douter ou de vous inquiéter par la suite. Au lieu de cela, vous serez en mesure de suivre le plan que vous avez établi pour vous-même d'une manière qui vous permet de placer toute votre attention et votre énergie dans la mise en œuvre du plan, plutôt que de vous inquiéter du plan.

Cinquième étape : Révision de votre plan

Ce n'est pas parce que vous avez méticuleusement créé un plan dans lequel vous pouvez avoir confiance que vous ne devez jamais le revoir. Tout leader sait que les plans sont des outils puissants, mais qu'ils sont aussi flexibles et doivent être régulièrement révisés pour s'assurer qu'ils servent toujours leur objectif. Bien que vous ne souhaitiez pas revoir votre plan trop fréquemment, car cela pourrait vous amener à douter de vous-même et à vous éloigner de votre voie, vous devez revoir votre plan régulièrement pour vous assurer qu'il vous guide toujours vers ce que vous désirez.

Les meilleurs plans sont assortis de dates de révision afin que vous puissiez les examiner et vous assurer qu'ils fonctionnent toujours aussi bien que possible. Dans l'idéal, vous devriez revoir votre plan tous les 6 à 12 mois afin de voir s'il fonctionne bien et de suivre directement vos progrès par rapport à votre plan pour voir si vous vous en sortez bien. Vous pouvez choisir l'intervalle de révision qui vous convient le mieux, en fonction de la confiance que vous avez dans votre plan et de la façon dont vous avez compris les étapes que vous avez intégrées à votre plan. Une fois que vous l'avez choisi, assurez-vous de ne pas revoir le plan plus tôt, sauf si vous devez absolument le faire : par exemple, s'il ne fonctionne absolument pas ou si vous êtes dans une impasse suite à l'une de vos étapes et que vous ne pouvez vraiment pas aller plus loin avec le plan.

Pendant les périodes de révision, vous allez prendre le temps d'examiner vos progrès et de voir comment vous vous en sortez par rapport à votre plan. À ce stade, vous voulez voir si vous êtes sur la bonne voie pour réussir votre plan ou si vous prenez du retard. Si vous êtes en avance sur votre plan, vous pouvez ajuster vos jalons et vos échéances pour vous encourager à rester motivé et à aller de l'avant, et pour rendre vos objectifs plus réalistes.

Après avoir mesuré vos progrès et ajusté votre calendrier en conséquence, vous voulez revoir les étapes elles-mêmes pour vous assurer qu'elles semblent toujours être les meilleures étapes possibles. Il n'est pas rare de découvrir de nouvelles informations au fur et à mesure que vous progressez et franchissez chacune des étapes, et souvent ces nouvelles informations peuvent vous aider à améliorer le reste de votre plan afin que vous puissiez obtenir des résultats encore meilleurs ou atteindre vos résultats plus rapidement. Lors des révisions, vous pouvez mettre en œuvre ces nouvelles informations pour vous assurer que chacune des étapes que vous allez franchir est concise et efficace pour vous aider à atteindre vos objectifs.

Lorsque vous ajustez votre plan à long terme à l'aide de nouvelles informations, assurez-vous de suivre exactement les mêmes étapes que lors de l'élaboration du plan lui-même. En d'autres termes, vérifiez le plan en avant et en arrière pour vous assurer qu'il vous mène là où vous voulez aller et assurez-vous d'avoir fait des recherches approfondies sur ces nouvelles idées pour vous assurer que vous les avez intégrées correctement. Plus vous pourrez intégrer efficacement toutes ces informations et toutes ces étapes dans votre plan, plus vous réussirez à atteindre vos objectifs.

Après avoir terminé votre examen, vous devez vous sentir absolument confiant dans votre capacité à poursuivre votre plan dans un avenir prévisible. Tant que vous avez la certitude d'avoir réalisé votre plan efficacement et que vous savez exactement ce que vous devez faire ensuite, vous pouvez recommencer à avancer avec votre plan et le poursuivre jusqu'à la prochaine période de révision. Ensuite, vous pourrez à nouveau passer par le même processus de révision de votre plan, de suivi de vos progrès et de mise en œuvre de toute nouvelle stratégie que vous aurez trouvée et qui vous aidera à créer les résultats que vous souhaitez.

Chapitre 3 : Suivez ces étapes pour gérer correctement votre argent jusqu'à la liberté financière

Avant d'aborder les aspects professionnels et entrepreneuriaux de votre plan, je voudrais aborder le sujet important de la gestion de votre argent. Chaque personne devrait prendre le temps d'apprendre à gérer son argent et, si vous êtes en train de créer votre propre entreprise, vous voudrez le faire le plus tôt possible. Plus tôt vous développerez les compétences nécessaires pour gérer efficacement votre propre argent, plus il vous sera facile de gérer votre argent personnel et l'argent appartenant à l'entreprise par laquelle vous construisez votre richesse.

La gestion de l'argent comporte deux éléments que tout le monde doit connaître : ce qu'il faut faire de l'argent et comment tirer le meilleur parti de l'argent dont on dispose. Savoir où placer son argent, comment l'utiliser et ce que l'on peut attendre de son argent est une étape importante de la gestion de patrimoine, car cela vous permet de savoir que votre argent travaille pour vous. Ainsi, non seulement vous en avez épargné une partie, mais vous avez aussi une partie de votre argent qui développe plus d'argent sous forme d'investissements, ce qui signifie que votre argent vous protège efficacement contre des choses comme les pertes ou l'inflation. Vous devez également savoir comment tirer le meilleur parti de l'argent dont vous disposez car, pour être franc, aucun entrepreneur qui a vraiment réussi n'a jamais laissé un manque de moyens financiers l'empêcher de réussir. De nombreux grands entrepreneurs, de Jeff Bezos à Steve Jobs, étaient en grande partie fauchés lorsqu'ils ont lancé leur entreprise, et pourtant, grâce à une utilisation efficace de leur argent, ils ont pu lancer leur entreprise et développer des fonds considérables en conséquence. Savoir ce qu'il faut faire avec l'argent que vous avez maintenant, puis ce qu'il faut faire avec la richesse que vous développez vous aidera grandement à avoir une expérience forte avec votre argent. De cette façon, vous ne vous retrouverez pas à mal gérer votre argent et à vous retrouver ruiné à long terme, ou finalement à mettre votre plan en faillite à cause d'erreurs financières qui auraient pu être facilement évitées.

Avoir un budget

Un budget est peut-être l'un des outils de gestion de patrimoine les plus fondamentaux qu'une personne puisse utiliser. Pourtant, de nombreuses personnes négligent l'idée d'établir un budget et tentent plutôt de gérer leur patrimoine de manière spontanée. Cette façon de faire n'est pas efficace pour vous aider à créer la richesse à long terme que vous désirez, car elle entraîne une mauvaise gestion, une mauvaise utilisation et un mauvais placement de l'argent. Souvent, les personnes sans budget se retrouvent à dépenser de l'argent qu'elles n'auraient pas dû, à faire des dépenses inutiles et à ne pas économiser d'argent parce qu'elles n'ont aucune idée de ce qu'elles peuvent économiser. Au lieu de réussir à long terme, ils finissent par épuiser leurs actifs financiers chaque fois qu'ils en ont besoin et, par conséquent, se retrouvent en difficulté à long terme.

L'établissement d'un budget n'est pas difficile et vous permet de savoir exactement où va votre argent et ce que vous faites avec votre argent. Idéalement, vous devriez avoir des budgets planifiés pour des intervalles de 3, 6 et 12 mois. Vos budgets à trois mois devraient être extrêmement détaillés, avec vos gains et vos dépenses clairement indiqués au dollar près. Vos budgets à six et douze mois peuvent être des projections de ce que vous pensez avoir et de ce que vous pensez pouvoir faire avec cet argent. La création de tous ces budgets vous permet de bien comprendre ce que vous cherchez à réaliser, de sorte que vous puissiez toujours faire des choix financiers conformes à vos plans et objectifs financiers à long terme. Après avoir établi ces objectifs à long terme, vous devriez revoir votre budget chaque mois, ainsi que chaque fois que vous recevez de l'argent, qu'il soit prévu ou non. De cette façon, vous pouvez vous assurer que votre budget reflète fidèlement tous les fonds dont vous disposez et que vous tirez le meilleur parti de l'argent que vous avez gagné.

Comprendre vos dépenses

En créant votre budget, vous vous rendrez compte que vous avez de nombreuses dépenses à prendre en compte sur une base mensuelle et annuelle. Il est important de comprendre quelles sont vos dépenses et comment elles vous affectent, car cela vous permet de savoir exactement à quoi vous dépensez votre argent et pourquoi. Vous seriez surpris du nombre de personnes qui ne savent pas quelles sont leurs dépenses ou combien elles doivent sur une base mensuelle, et par conséquent, elles se retrouvent à manquer des paiements et à avoir des services coupés parce qu'elles ont mal géré leurs fonds.

Suivre toutes vos dépenses est incroyablement facile, mais c'est aussi incroyablement important. Pour ce faire, il vous suffit de passer en revue tous vos relevés de compte et d'identifier chaque dépense que vous payez d'un mois sur l'autre, puis de les noter sur votre liste de "budget principal". Cette liste devrait vous permettre de voir exactement à quoi vous dépensez votre argent, afin que vous compreniez où va votre argent et pourquoi il y va.

Il est extrêmement important que lorsque vous commencez à suivre vos dépenses, vous ne vous limitez pas aux factures obligatoires. Vous devez également suivre vos dépenses de loisirs et toutes les autres habitudes de dépenses que vous pouvez avoir pour vous assurer que vous obtenez une représentation précise de l'utilisation de votre argent. Cela vous aidera à établir votre budget en vous permettant de voir où vous dépensez trop, et quels types de dépenses sont les plus importants pour vous.

Comprendre votre revenu

En plus de tenir compte de vos dépenses, vous devez également tenir compte de vos revenus. Il est probable que vous sachiez exactement quel est votre salaire mensuel, mais vous devez vous assurer de garder la trace de ce chiffre afin de pouvoir l'intégrer à votre budget. Vous devez également tenir compte de tous les fonds supplémentaires que vous pouvez recevoir, comme toute forme d'argent attendu ou inattendu que vous recevez en dehors de votre salaire. La plupart des gens considèrent cet argent comme un "extra" et le dépensent volontiers pour des vêtements supplémentaires, des visites supplémentaires au restaurant ou toute autre dépense de loisir. Cependant, si vous souhaitez construire et maintenir votre richesse, vous devez cesser de considérer cet argent comme un supplément et commencer à le considérer comme une partie de votre revenu global. Vous devrez alors l'intégrer dans votre budget et l'utiliser à bon escient.

Bien que l'utilisation d'une partie de vos fonds supplémentaires pour des achats de loisirs soit une excellente idée, vous devriez éviter d'utiliser *tous vos* fonds supplémentaires pour des achats de loisirs. En réalité, vos achats de loisirs ne sont probablement pas aussi prioritaires pour vous que vos objectifs budgétaires ; cependant, sur le moment, ils peuvent sembler être une bonne idée. Il est facile de ressentir des impulsions autour de l'argent, en particulier des impulsions qui apportent une gratification instantanée. Cependant, cette gratification instantanée est souvent la principale cause de remords chez les acheteurs et peut même entraîner ou renforcer de mauvaises habitudes de consommation. Plus vous êtes intentionnel, plus vous serez efficace avec votre argent. Concentrez-vous toujours sur l'acquisition d'habitudes de consommation plus fortes, même dans les domaines où cela semble inoffensif ou comme s'il ne s'agissait que d'un "achat unique". Plus vous êtes intentionnel, plus vous aurez de l'impact sur vos finances.

Remboursez vos dettes

La dette est un élément qui peut être utilisé de manière incroyablement positive et puissante s'il est utilisé correctement. Cependant, la plupart des gens considèrent leur dette comme un fardeau et ne parviennent pas à en tirer le meilleur parti, ce qui les amène à lutter pour gérer leur dette. Dans de nombreux cas, cela conduit également à une mauvaise cote de crédit qui peut réellement nuire à vos perspectives financières futures.

Si vous voulez commencer à prendre des décisions financières plus fermes et à utiliser votre argent de manière à améliorer votre vie et l'entreprise que vous allez développer, vous devez rembourser vos dettes et commencer à les gérer correctement. Idéalement, vous devriez rembourser vos dettes aussi rapidement que possible et aussi efficacement que possible. La plupart des conseillers en gestion de patrimoine suggèrent de rembourser d'abord toutes les dettes inutiles avant même d'envisager un compte d'épargne, car votre argent vous coûtera plus cher sur une carte de crédit qu'il ne vous rapportera sur un compte d'épargne. En remboursant vos dettes, vous économisez d'énormes sommes d'argent chaque mois, ce qui signifie que vous pourrez mettre encore plus d'argent de côté ou l'utiliser pour d'autres choses importantes comme les dépenses professionnelles.

Après avoir remboursé vos dettes, vous ne devez pas avoir peur de contracter de nouvelles dettes. Cependant, vous devez être vigilant pour vous assurer que vous utilisez votre dette correctement et que vous ne vous enterrez pas sous une dette que vous ne pourrez peut-être pas gérer. Assurez-vous que votre dette est toujours gérable et que vous n'accumulez des dettes que pour des choses qui en valent vraiment la peine. De même, ayez toujours un plan pour rembourser vos dettes avant de vous endetter, afin que votre cote de crédit reste forte et que vos finances restent saines. Il existe souvent des cours sur l'endettement que vous pouvez suivre dans la plupart des villes et qui vous aideront à comprendre le fonctionnement de l'endettement et la manière de l'utiliser, mais vous pouvez également vous adresser à un conseiller bancaire si vous n'êtes pas tout à fait sûr. Plus vous vous informerez sur le sujet, plus vous serez à même d'utiliser vos dettes à votre avantage plutôt que d'avoir l'impression de vous enterrer sous une montagne dont vous ne pouvez pas sortir.

Supprimer les dépenses inutiles

En plus de rembourser vos dettes, vous devez commencer à supprimer les dépenses inutiles de votre budget. Les dépenses inutiles sont toutes les dépenses que vous payez pour des choses que vous n'utilisez pas ou dont vous ne tirez pas assez de valeur. En supprimant les dépenses inutiles, vous libérez une plus grande partie de vos finances pour les consacrer à des choses qui comptent vraiment, et cela vous aide également à assainir votre budget en général.

Si vous ne pouvez pas éliminer complètement certaines dépenses, envisagez de les réduire au maximum afin de ne pas dépenser inutilement de l'argent sur des choses pour lesquelles vous ne devriez pas dépenser d'argent. Par exemple, réduisez votre forfait de téléphone portable ou votre forfait Internet ou câble pour vous assurer que vous ne dépensez pas d'argent inutilement. Si vous avez des services de streaming ou des services d'abonnement, assurez-vous de ne payer que le niveau spécifique de chaque abonnement dont vous avez réellement besoin. Il peut sembler idéal d'obtenir "le meilleur", surtout si la différence de coût entre un abonnement plus petit et un abonnement plus grand n'est pas très importante, mais en réalité, si vous n'utilisez pas l'abonnement plus grand, c'est un gaspillage d'argent. Bien que 5 $ par abonnement puissent ne pas sembler beaucoup, si vous payez plus que ce dont vous avez besoin sur les seuls abonnements4, cela fait $20 par mois ou 240 $ par an. Si 240 $ ne semblent pas être une somme importante, cela peut représenter une semaine entière d'épicerie ou des fonds supplémentaires placés dans un investissement. Si vous dirigez une entreprise, 240 $ peuvent même suffire à couvrir une année entière d'hébergement de site Web ou un autre service similaire qui profite à votre entreprise et vous rapporte de l'argent. Lorsqu'il s'agit de développement de la richesse, aucune somme d'argent n'est insignifiante, aussi petite soit-elle en apparence.

Conservez un fonds d'urgence

L'un des premiers objectifs budgétaires que vous devriez vous fixer est de constituer un fonds d'urgence. Idéalement, si vous êtes novice en matière de gestion de patrimoine, vous devriez développer votre fonds d'urgence en même temps que le remboursement de vos dettes, car ce sont vos deux premières priorités. Les fonds d'urgence sont nécessaires, car ils vous empêchent de puiser dans les réserves de dettes pour payer les urgences qui peuvent survenir, et la réalité est qu'il y aura toujours des dépenses imprévues que vous devrez payer. Garder une réserve raisonnable de fonds disponibles vous permet de payer de votre poche les dépenses inutiles et de ne pas vous endetter pour ces dépenses.

La taille du fonds d'urgence dont vous aurez besoin dépend en fin de compte de qui vous êtes et de votre mode de vie. Cependant, il est généralement recommandé de disposer d'un fonds d'urgence correspondant à au moins 3 à 6 mois de vos revenus afin de vous assurer que vous serez soutenu en cas de problème. Pour une famille moyenne, cela signifie que vous devriez avoir environ 30 000 $ de côté dans un compte d'épargne pour votre fonds d'urgence. Bien sûr, cela peut sembler écrasant ou intimidant au début, mais vous n'êtes pas obligé de mettre cet argent de côté immédiatement. Vous pouvez commencer par mettre de côté un mois de salaire, puis passer au remboursement de vos dettes. Toutefois, une fois vos dettes remboursées, vous devriez vous fixer comme priorité de mettre de côté 3 à 6 mois de salaire dès que possible. Si vous souhaitez vraiment disposer d'un compte d'épargne solide, vous devez vous efforcer de porter ce chiffre à 6-12 mois de salaire afin de pouvoir faire face à toute dépense imprévue, y compris une perte d'emploi.

Votre fonds d'urgence doit toujours être un actif liquide qui n'est pas lié à un quelconque investissement à long terme. En raison de la nature de ces fonds, vous devez avoir la certitude de pouvoir y accéder à tout moment sans aucun souci. Si ces fonds étaient immobilisés dans des actifs ou des investissements à terme, leur accès pourrait vous coûter cher, ce qui irait à l'encontre de l'objectif de ces fonds.

Planifiez votre avenir

En plus d'avoir un fonds d'urgence accessible à tout moment, vous devriez également avoir des fonds mis de côté pour votre avenir. La mise de côté de fonds pour votre avenir vous garantit que vous aurez suffisamment d'argent pour prendre votre retraite et faire ce que vous voulez pour le reste de votre vie. Lorsqu'il s'agit de mettre des fonds de côté pour votre avenir, vous devriez vous concentrer sur la mise de côté d'au moins 10 à 15 % de vos fonds pour la retraite spécifiquement. Ces fonds peuvent être investis dans n'importe quelle forme d'investissement qui protégera vos actifs tout en vous offrant un retour sur investissement décent. Certains établissements proposent des fonds d'investissement dans lesquels vous pouvez placer l'argent de votre retraite et qui vous permettent d'obtenir une contrepartie sur votre investissement jusqu'à un certain montant, ce qui signifie que pour chaque dollar investi, vous recevez 1 dollar. L'ouverture de ce type de fonds et l'investissement dans des portefeuilles qui vous offrent un rendement élevé est une excellente idée, car elle garantit que votre argent fructifie en attendant votre retraite. De cette façon, vous avez beaucoup plus que ce que vous avez investi et vous êtes protégé contre des choses comme l'inflation.

Il est important de comprendre qu'une fois que vos dettes seront remboursées et que vous aurez accumulé plus de richesse, vous voudrez prendre un pourcentage supplémentaire et l'investir dans des choses comme des portefeuilles d'investissement à plus haut risque. Cependant, vos fonds de retraite devraient toujours rester dans des investissements à risque faible ou modéré pour vous assurer que vous ne risquez jamais votre avenir. Laissez les autres fonds que vous investissez prendre le risque et, éventuellement, vous rapporter d'énormes bénéfices. De cette façon, vous investissez judicieusement et vous avez la possibilité de gagner plus sans risquer de perdre tout ce que vous avez.

Surveillez votre propre crédit

Supposer que les sociétés de crédit surveilleront votre crédit et vous protégeront contre les erreurs ou les défauts est une mauvaise idée, et supposer que le simple fait de rembourser vos dettes vous donnera une cote de crédit suffisamment élevée est également une mauvaise idée. Vous devez surveiller régulièrement vos propres scores de crédit et prêter attention à la lecture de votre rapport de crédit afin de comprendre ce qui affecte votre crédit et ce que vous pouvez faire pour vous protéger contre cela.

La meilleure façon de maintenir votre crédit est de rembourser entièrement vos dettes, puis de maintenir le solde de vos cartes de crédit à 25 % ou moins de leur capacité totale. Par exemple, ne gardez qu'un solde de 250 $ sur une limite de crédit de 1 000 $. Ce chiffre est le point idéal pour une bonne cote de crédit et vous permettra de ne jamais vous mettre dans une situation que vous ne pouvez pas raisonnablement gérer.

En plus de maintenir votre crédit à un bas niveau, assurez-vous d'être incroyablement honnête avec vous-même quant au type de dette que vous pouvez supporter à l'avenir. Acheter des véhicules avec un prêt ou contracter un emprunt hypothécaire, par exemple, n'est pas une mauvaise idée *tant que vous pouvez le supporter*. Ne partez pas du principe que le simple fait d'avoir un bon score de crédit signifie que vous pouvez supporter la dette que vous envisagez de contracter - car dans la plupart des cas, ce n'est pas le cas. Examinez plutôt votre budget réel et voyez combien vous pouvez raisonnablement vous permettre de consacrer à des choses telles que des prêts automobiles et des prêts hypothécaires, afin de vous sentir absolument confiant dans la dette que vous allez contracter.

Investir là où ça compte

Au fur et à mesure que vous avancez dans la vie, et surtout si vous envisagez de créer une entreprise, vous devez vous assurer que vous investissez toujours quand et où cela compte. Savoir comment hiérarchiser vos dépenses et dépenser votre argent sur ce qui compte vraiment vous garantit que vous aurez toujours exactement ce dont vous avez besoin pour passer à l'étape suivante. Investir dans ce dont vous avez besoin ne signifie pas que vous n'aurez pas tout le reste, cela signifie simplement que vous investissez dans ce dont vous avez besoin pour créer les fonds nécessaires à tout ce que vous voulez dans la vie.

La meilleure façon de savoir où vous devriez vraiment investir votre argent est d'examiner votre plan à long terme et de déterminer *honnêtement* où vous devez investir votre argent. Assurez-vous de commencer par dépenser votre argent dans ce qui vous permettra d'aller le plus loin. Par exemple : si vous démarrez une activité de commerce électronique, investissez 300 $ dans un ordinateur portable de base, $ 150dans un site Web autogéré et auto-conçu, $50 dans une bonne plateforme de paiement et 500 $ dans des produits ou autres dépenses nécessaires, au lieu de dépenser 700 $ dans un ordinateur portable, 200 $ dans un site Web et 100 $ dans des produits. En sachant comment trouver le bon équilibre et en étant prêt à améliorer les choses plus tard, vous vous assurez d'avoir tout ce dont vous avez besoin pour commencer, afin de pouvoir réellement créer la possibilité d'améliorer les choses à l'avenir. Si vous démarrez mal, vous risquez de ne jamais créer les fonds ou les opportunités nécessaires à une mise à niveau, ce qui signifie que vous avez finalement gaspillé vos fonds dans de mauvais investissements.

Même si vous commencez à gagner plus d'argent et à vous équiper de meilleurs outils, il est important que vous continuiez à investir uniquement dans ce qui est nécessaire pour créer vos prochaines opportunités. En faisant cela, vous évitez de dépenser trop d'argent dans des choses inutiles et vous gardez cet argent disponible pour d'autres achats plus importants. Ce qui est, en fait, un "secret" majeur des riches et de l'élite. Bien qu'ils puissent sembler mener un style de vie somptueux et luxueux, la plupart des riches s'attachent à dépenser leur argent uniquement pour ce qui est important et à investir le reste ailleurs. Souvent, leurs investissements dans des objets tels que des armoires de créateurs sont faits à dessein afin de disposer d'une garde-robe qui soit à la hauteur de leur réputation et qui dure. Ces deux éléments sont nécessaires pour économiser ou développer des fonds. Si vous les voyez s'offrir des journées de spa ou des vacances coûteuses, il s'agit souvent de récompenses qu'ils s'accordent pour les aider à rester détendus et concentrés pendant les périodes intermédiaires où ils se concentrent sur leur travail et vivent essentiellement avec le strict minimum. En sachant comment et quand dépenser leur argent, les personnes fortunées sont en mesure de créer facilement plus de richesse et de maintenir leur richesse tout en menant un style de vie luxueux.

Chapitre 4 : Les sept étapes de la liberté financière

Si vous lisez ce livre, je peux vous garantir que les mots "liberté financière" ont figuré au moins une fois dans votre plan de vie. La liberté financière est l'objectif ultime de beaucoup d'entre nous, et pour cause : la liberté financière peut nous offrir des opportunités et un potentiel virtuellement illimités dans la vie. La liberté financière est une chose merveilleuse à désirer, et il n'est pas aussi difficile que vous pourriez le penser d'y parvenir. En fait, vous pouvez atteindre la liberté financière dans les 15 prochaines années si vous commencez à mettre en œuvre le plan décrit dans ce chapitre.

Bien que 15 ans puissent sembler une longue période, sachez que vous connaîtrez un niveau de richesse raisonnable bien plus tôt que 15 ans. Cependant, 15 ans est à peu près le temps qu'il vous faudra pour créer un véritable état de liberté financière, ce qui signifie que vous n'aurez vraiment plus à vous soucier des finances après ces 15 ans. De plus, le temps passe de toute façon, alors pourquoi ne pas le laisser passer en faisant quelque chose de productif, comme vous préparer à la liberté financière ?

Afin de créer la liberté financière que vous désirez, il existe sept étapes de liberté financière que vous devez reconnaître et incorporer dans votre plan financier. En reconnaissant et en incorporant ces sept étapes, vous vous assurez de travailler à votre liberté financière d'une manière méthodique qui vous permet de créer les résultats que vous désirez vraiment. De cette façon, vous avancez d'une manière qui est réalisable, plutôt que de vous intimider et de vous submerger dès le départ. Plus ce plan sera petit et facile à gérer, plus vous aurez de chances d'obtenir les résultats escomptés.

Les sept étapes de la liberté financière dont nous allons parler sont les suivantes : gagner en clarté, devenir autosuffisant, se constituer un pécule, créer une stabilité, développer la flexibilité, couvrir les dépenses de la vie courante et, enfin, disposer d'une richesse abondante. Si vous pouvez suivre ces sept étapes dans l'ordre, vous disposerez de toute la richesse dont vous avez besoin pour connaître une véritable liberté financière dans les 15 prochaines années.

Première étape : gagner en clarté

La première étape de la création de la liberté financière consiste à cultiver la clarté sur ce que la liberté financière signifie pour vous. Vous devez être clair sur votre situation actuelle et sur celle que vous souhaitez atteindre. La clarté va vous permettre de comprendre clairement pourquoi vous luttez actuellement pour obtenir les résultats que vous souhaitez et ce que vous devez faire pour transformer votre histoire financière. Elle va également vous aider à avoir une vision claire de ce que vous cherchez à faire, afin que vous sachiez clairement ce que vous essayez d'atteindre. Au fur et à mesure que vous développez la clarté, vous rencontrez également les étapes et les objectifs que vous devez atteindre afin de créer la liberté financière dans votre vie.

La première étape pour créer de la clarté devrait toujours consister à identifier ce que vous désirez vraiment dans votre vie. Identifiez ce à quoi ressemblerait la liberté financière pour vous, et ce qu'elle signifierait pour vous, et faites-en votre grande vision. Le fait d'avoir créé votre grande vision vous permet de vous évaluer par rapport à cette vision, de sorte que vous puissiez voir clairement où vous vous épanouissez actuellement et où vous devez travailler davantage pour obtenir les résultats que vous souhaitez.

Lorsque vous créez votre grande vision, veillez à le faire de manière très spécifique. Déterminez clairement les chiffres spécifiques que vous voulez associer à votre liberté financière et ce à quoi ressemble la liberté pour vous. Par exemple, pour votre liberté financière, vous pourriez avoir 500 000 $ de côté pour votre retraite, votre hypothèque remboursée et la possibilité de mener le style de vie que vous souhaitez sans jamais avoir à vous soucier de manquer d'argent. Vous devez savoir clairement à quoi ressemble la liberté financière pour vous afin de pouvoir commencer à travailler pour atteindre cette vision.

Ensuite, vous devez évaluer votre situation et examiner comment votre paysage financier actuel affecte votre capacité à vous rendre là où vous voulez aller. Tout d'abord, examinez les faits simples : combien d'argent avez-vous et quel est le montant de vos dettes ? Mettez ces chiffres au clair et examinez-les par rapport à votre objectif afin de déterminer les étapes financières spécifiques que vous devez franchir pour aller de l'avant. Ensuite, vous pourrez commencer à examiner vos habitudes, cycles et comportements financiers. Commencez à prêter attention à votre façon de gagner de l'argent, de le gérer et de le dépenser, et déterminez clairement l'impact de ces comportements sur votre capacité à réaliser votre grande vision. À l'heure actuelle, vous n'avez pas nécessairement besoin de faire quoi que ce soit avec ces connaissances, mais vous voulez vous assurer que vous en êtes conscient. Plus vous serez clair maintenant, plus il sera facile de fixer les six prochains objectifs et de les atteindre réellement, car vous saurez exactement où vous devez concentrer vos efforts et améliorer vos compétences afin de passer à l'étape suivante de la liberté financière.

Deuxième étape : devenir autosuffisant

Après avoir déterminé clairement où vous êtes et où vous voulez aller, vous devez commencer à devenir autonome. L'autosuffisance est l'endroit où vous allez commencer à apprendre comment subvenir correctement à vos besoins, en particulier lorsqu'il s'agit de prendre soin de vos finances personnelles. Ici, vous allez prendre les chiffres spécifiques de votre situation actuelle en termes de dettes et de revenus et vous allez établir un budget pour vous-même afin de pouvoir commencer à gérer votre argent plus efficacement. Ensuite, vous allez suivre le mouvement.

Vous seriez surpris de savoir combien de personnes ont du mal à être autonomes, alors qu'il s'agit de l'un des principaux objectifs financiers que nous devrions nous efforcer d'atteindre à l'âge adulte. Apprendre à devenir autonome vous aidera à mettre de l'ordre dans vos finances, car cela vous évitera de vous appuyer sur des cartes de crédit et des prêts pour essayer de payer un mode de vie que vous ne pouvez pas vous permettre actuellement. Cela vous obligera également à devenir responsable et à vous assurer que vous faites vraiment le nécessaire pour vous créer un revenu suffisant pour couvrir toutes vos dépenses.

Vous pouvez commencer à devenir autosuffisant en faisant des choses comme payer la nourriture et le transport, payer votre loyer et couvrir vos propres factures. Bien que tout cela puisse sembler incroyablement basique, il est important de s'en préoccuper car vous voulez être sûr d'être autonome sans dépendre d'aucune forme de dette ou de prêt pour y parvenir. Couvrir vos frais de subsistance de base est l'une des premières grandes étapes que vous pouvez franchir pour créer une vie de liberté financière.

Si vous regardez vos factures et réalisez que vous n'êtes pas encore capable d'être autonome, vous devez commencer à vous fixer des objectifs qui vous permettront de le devenir. Il s'agit notamment de supprimer toutes les dépenses inutiles afin d'éviter les dépenses superflues, ce qui vous permettra de disposer de plus de fonds pour vos dépenses nécessaires. Cela signifie également qu'il faut évaluer honnêtement si votre parcours professionnel actuel vous aide à créer les fonds dont vous avez besoin, puis déterminer ce qu'il faut faire si vous découvrez que ce n'est pas le cas. Par exemple, vous pourriez commencer à développer de nouvelles compétences afin d'obtenir une promotion ou de chercher un nouvel emploi mieux rémunéré. En trouvant des solutions de ce type, vous vous préparez à prendre en charge vos propres besoins financiers, ce qui est essentiel, surtout si vous voulez devenir libre financièrement.

Lorsqu'il s'agit de couvrir ses propres finances, certaines personnes s'interrogent sur la place du partenariat. Vous pouvez vous demander, si vous êtes avec un partenaire : est-ce que cela suffit pour que vous couvriez vos dépenses ensemble ? Souvent, cela signifie que l'une des personnes gagnera plus et l'autre moins et qu'ensemble vous aurez assez pour couvrir les dépenses de l'autre. Bien que cela soit tout à fait acceptable, si vous voulez vraiment atteindre la liberté financière, vous devriez idéalement vous concentrer sur l'atteinte de cette liberté pour vous-même. De cette façon, vous êtes sûr des finances que vous avez gagnées et mises de côté et vous n'avez pas de choses comme l'argent qui s'interpose entre vous et votre partenaire. Cela dit, il n'y a pas de bonne réponse. Vous devrez donc en discuter avec votre partenaire et décider de ce qui vous convient le mieux, à vous et à votre relation.

Troisième étape : Constituer votre pécule

Une fois que vous avez atteint l'autosuffisance et que vous ne comptez plus sur les autres pour payer vos factures à votre place, vous pouvez passer à la création d'un pécule. C'est là que vous pouvez arrêter de vivre le style de vie que vous devez mener en fonction de votre budget et commencer à vous créer une petite marge de manœuvre pour pouvoir commencer à profiter du style de vie que vous voulez vraiment vivre. Une marge de manœuvre signifie essentiellement que vous allez avoir assez d'argent pour dépenser un peu chaque mois et que vous mettez de l'argent de côté sur un compte d'épargne de manière aussi dynamique que possible.

Si vous voulez vraiment vous donner une marge de manœuvre raisonnable, vous devez épargner suffisamment pour couvrir six mois de frais de subsistance. Cela signifie que si vous avez besoin de 2 346 $ par mois pour vivre, vous devez mettre de côté 14 076 $ le plus rapidement possible. Cette marge de manœuvre vous permettra de couvrir raisonnablement toutes les dépenses d'urgence dont vous pourriez avoir besoin, qu'il s'agisse de factures imprévues ou d'une perte d'emploi inattendue. Pour de nombreuses personnes, la création de cette marge de manœuvre est suffisante pour leur donner une grande tranquillité d'esprit concernant leurs finances. Même s'ils n'ont pas encore le pouvoir d'achat qu'ils désirent, le fait de réaliser qu'ils n'ont plus à s'inquiéter de choses comme la perte d'un emploi ou des urgences inattendues signifie qu'ils ont plus de liberté pour faire ce qu'ils veulent et ce dont ils ont besoin dans la vie.

La réalité est que de nombreuses personnes dans le monde d'aujourd'hui n'ont pas encore accumulé une quelconque forme d'épargne accessible pour elles-mêmes. Ils ont peut-être des pensions ou des fonds de retraite par le biais de leur entreprise, mais ces fonds ne sont pas accessibles et sont incapables de leur donner la sécurité dont ils ont besoin dans le cas où ils auraient besoin de fonds *maintenant*. Ne pas être en mesure de couvrir les dépenses financières au-delà de vos dépenses mensuelles de base peut être accablant et, en réalité, vous place à un mauvais mois ou à une dépense imprévue de la crise financière. Il est essentiel que vous accordiez la priorité à ce pécule financier et que vous mettiez de côté autant que possible jusqu'à ce qu'il soit là, puis que vous le mettiez de côté pour de bon. Vous ne devez pas prévoir de toucher ou de puiser dans cet argent, à moins qu'une véritable urgence ne survienne. Dans le cas contraire, cet argent ne doit pas être considéré comme quelque chose que vous pouvez exploiter ou utiliser : son seul but est de vous protéger en cas de circonstances financières inattendues.

Il est judicieux de placer votre pécule sur un compte d'épargne à haut taux d'intérêt facilement accessible. Bien que ces comptes ne soient pas idéaux pour préserver la croissance de votre argent ou pour faire travailler votre argent pour vous, ils vous permettent de garder vos fonds immédiatement accessibles et vous n'aurez pas à payer de pénalité pour accéder à l'argent si vous en avez besoin. En plaçant vos fonds sur un compte de ce type, vous vous assurez non seulement de disposer d'une somme d'argent en cas d'urgence, mais aussi de gérer correctement cet argent et de faire en sorte qu'il serve vraiment aux fins auxquelles il est destiné.

Même si cet argent va vous donner un bon départ dans la création de la liberté financière, il peut toujours s'épuiser, il est donc important que vous restiez concentré pour en faire une étape et non votre objectif final. Si vous voulez vraiment atteindre la liberté financière, vous allez devoir regarder beaucoup plus loin que 6 mois dans votre avenir avec vos finances.

Étape quatre : Créer la stabilité

Après avoir mis de côté suffisamment d'argent pour couvrir six mois de dépenses, vous devez commencer à voir encore plus grand. La prochaine étape à franchir sur la voie de la liberté financière est de mettre de côté l'équivalent d'une année de dépenses. C'est à ce moment que vous commencez vraiment à passer de la capacité à couvrir n'importe quelle urgence de base à la capacité à couvrir toutes les urgences que vous et votre famille êtes susceptibles de rencontrer au cours de votre vie. Si vous devez faire face à des factures médicales inattendues, à une perte d'emploi ou à des dommages à votre propriété, vous saurez sans aucun doute que vous disposez des fonds nécessaires pour couvrir ces dépenses imprévues.

Pour la plupart des gens, le fait d'avoir épargné l'équivalent d'une année entière de dépenses est le moment où ils commencent vraiment à se sentir enracinés et où ils ne s'inquiètent plus de savoir s'ils seront en mesure de couvrir raisonnablement leurs dépenses s'il leur arrivait quelque chose. C'est à ce moment-là que vous commencez à sentir que vous pouvez raisonnablement faire face à de multiples urgences tout en ayant assez d'argent pour couvrir vos dépenses. À ce stade, vous ne vous inquiétez plus de ce qui va vous arriver financièrement et vous pouvez commencer à profiter de la vie que vous souhaitez mener parce que vous savez que vous êtes en sécurité financière.

Il n'est pas nécessaire de faire preuve d'autant d'agressivité que pour les six premiers mois de dépenses, car vous avez déjà économisé en cas de problème. Cependant, vous ne devez pas non plus vous laisser aller et prendre votre temps pour y arriver, car plus vite vous atteindrez cette étape, plus vite vous pourrez commencer à passer à des niveaux supérieurs de liberté financière qui vous apporteront encore plus de flexibilité et d'adaptabilité.

Pendant que vous épargnez ces fonds pour vous-même, vous vous demandez peut-être où et comment vous devez stocker et gérer vos fonds. Pour ce qui est des 6 premiers mois de fonds, il est important de les conserver dans un endroit immédiatement accessible, car vous ne voulez pas avoir à payer de pénalités ou vous sentir obligé d'attendre une période spécifique pour accéder à votre argent. Cependant, il n'y a pas beaucoup de circonstances dans lesquelles vous pourriez avoir besoin de plus de 6 mois de revenus qui ne pourraient pas attendre au moins un peu. Pour cette raison, vous pourriez vouloir réserver la moitié restante de vos fonds dans un fonds d'investissement prudent qui lui permettra de croître sans risquer votre capacité à accéder à ces fonds en cas d'urgence. Il existe souvent des portefeuilles simples dont la durée est comprise entre 1 et 3 mois et qui constituent une excellente option pour stocker ces fonds supplémentaires. Si vous êtes confronté à une urgence immédiate et coûteuse, vous pourriez avoir besoin de retirer des fonds plus tôt. Cependant, la probabilité que cela se produise est assez faible et il est donc logique de laisser cet argent travailler pour vous en le faisant fructifier, même si c'est à un rythme lent et prudent.

Étape cinq : Développer la flexibilité

Après avoir épargné l'équivalent d'une année entière de dépenses pour faire face aux urgences imprévisibles, vous devez aller encore plus loin pour vous donner une réelle flexibilité dans votre vie. Pour cela, vous devez aller encore plus loin et épargner l'équivalent de deux années de dépenses pour vous-même. À ce stade, vous ne vous inquiétez plus des urgences, mais vous vous donnez la liberté de mener le style de vie que vous souhaitez et vous vous offrez une grande flexibilité. Épargner l'équivalent de deux ans de dépenses peut prendre un certain temps, mais si vous restez dévoué à cet objectif, ce ne sera pas un défi puisque vous avez déjà réussi à épargner beaucoup à ce stade. À présent, la pratique de l'épargne devrait vous venir naturellement et vous avez peut-être même trouvé d'autres moyens d'économiser vos fonds et d'augmenter votre compte d'épargne. Quoi qu'il en soit, plus vous vous engagerez à créer ce compte d'épargne, mieux ce sera.

Au fur et à mesure que vous ajoutez ces économies supplémentaires à votre pécule, vous voudrez explorer des moyens plus raisonnables de stocker ces fonds. L'année supplémentaire de fonds devrait idéalement être investie dans une forme de portefeuille d'investissement prudent à modéré afin que vous puissiez les stocker tout en permettant à cet argent de croître et de vous rapporter encore plus. Ce faisant, vous pouvez commencer à envisager des portefeuilles d'une durée de 6 à 12 ans qui vous donneront un meilleur rendement, mais qui vous obligeront à attendre plus longtemps pour accéder raisonnablement à ces fonds. Ceci étant dit, il est peu probable que vous ayez besoin de puiser dans ces fonds, à moins que vous ne prévoyiez de faire un achat plus important, auquel cas cette période d'attente est une excellente occasion de vous donner le temps de vérifier l'idée. En général, le fait de devoir attendre quelques mois avant d'envisager un achat important est une excellente occasion de vous assurer que vous faites des achats qui sont réellement importants pour vous et qui valent la peine d'être investis. De plus, après avoir effectué cet achat, vous devriez chercher à récupérer les dépenses en les épargnant à nouveau et en les replaçant sur votre compte d'épargne. Lorsque vous avez réussi à épargner l'équivalent de deux ans de revenus, vous devez commencer à réévaluer vos priorités et vos objectifs financiers. À ce stade, vous avez fait d'énormes progrès et vous êtes sur la voie de la liberté financière. Vous vous devez donc de célébrer votre succès tout en vous assurant que vous êtes toujours sur la voie de ce que vous voulez vraiment. À ce stade, il se peut que vos objectifs financiers aient changé, que vous souhaitiez faire un nouvel achat important ou que vous ayez une autre priorité à prendre en compte pour le moment. Dans un cas comme dans l'autre, le fait de pouvoir vous asseoir et de vous assurer que vous êtes toujours sur la bonne voie est une excellente occasion de vous maintenir en phase avec la création de la liberté financière que vous désirez vraiment dans votre vie.

Sixième étape : Couvrir les dépenses de votre vie

À ce stade de votre quête de liberté financière, vous avez déjà mis de côté plus qu'assez d'argent pour vous aider à couvrir les urgences inattendues, les dépenses imprévisibles et les achats plus importants que vous pourriez vouloir faire au cours de votre vie. Cependant, vous pouvez faire beaucoup plus pour commencer à vous permettre de voir au-delà du futur immédiat et dans le futur à long terme. C'est à ce moment-là que vous pouvez vraiment commencer à penser au reste de votre vie et à sécuriser votre style de vie aussi longtemps que vous vivrez. Tant que vous gérez correctement vos finances, vous pourrez continuer à jouir d'un fort sentiment de liberté financière et de flexibilité financière au sein de votre patrimoine.

Selon de nombreux conseillers financiers et experts en gestion de patrimoine, il existe deux façons de créer efficacement la richesse dont vous avez besoin pour soutenir votre style de vie pour le reste de votre vie. La première consiste à épargner un million de dollars ; la seconde consiste à investir dans des actifs qui vous rapportent régulièrement. Vous pouvez choisir celle que vous désirez, ou même les deux si vous voulez vraiment vous protéger et vous préparer à un avenir luxueux et financièrement flexible.

Si vous choisissez l'option d'économiser un million de dollars, vous allez essentiellement économiser cet argent et l'investir dans le portefeuille le plus conservateur possible, qui vous donnera encore beaucoup d'argent pour vivre. Dans ce cas, vous allez vivre des intérêts de votre million de dollars pour le reste de votre vie. Si vous pouvez obtenir un portefeuille qui rapporte ne serait-ce que 5 %, vous disposerez de 50 000 $ par an pour vivre. Ceci étant dit, le taux de rendement moyen est de 8,7 %, ce qui signifie que vous vivriez en fait de 87 000 $ par an, ce qui est largement suffisant pour vous offrir le style de vie que vous souhaitez. En fait, de nombreuses personnes font cela et vivent ensuite uniquement des intérêts et ne travaillent jamais de leur vie. Ainsi, ils peuvent prendre leur retraite jeune et poursuivre la vie de leurs rêves au lieu de passer toute leur vie à travailler.

L'autre option consiste à investir dans des biens tels que l'immobilier, qui est connu pour être un actif productif de revenus. Dans ce cas, vous avez investi dans quelque chose qui continuera raisonnablement à vous procurer un revenu, de sorte que vous pourrez continuer à gagner de l'argent chaque mois grâce à cet actif. Bien qu'il s'agisse d'une excellente idée, vous devez vous assurer que vous comprenez les risques que vous prenez, car les actifs productifs de revenus ne sont pas garantis de produire un revenu constant et, dans certains cas, peuvent également coûter cher à entretenir. Si vous choisissez cette voie, faites vos recherches et assurez-vous que vous faites tout votre possible pour choisir des actifs productifs de revenus qui continueront à vous rapporter pendant une longue période.

Septième étape : avoir une abondance de richesses

La dernière étape du développement de la liberté financière consiste à atteindre le point où non seulement vous serez soutenu financièrement pour le reste de votre vie, mais où vous serez également en mesure de vivre le style de vie exact que vous souhaitez tout en laissant derrière vous un héritage financier. Au septième stade de la liberté financière, vous êtes en mesure de mettre de l'argent de côté pour vos enfants, vous pouvez faire des dons caritatifs et vous pouvez commencer à utiliser votre richesse pour bénir la vie d'autres personnes.

À ce stade, l'abondance de la richesse vient souvent du fait que vous gagnez des intérêts importants sur votre portefeuille d'investissement, tout en ayant des actifs productifs de revenus dans lesquels vous pouvez continuer à investir et à gagner de l'argent au fil du temps. Idéalement, vous devriez continuer à réinvestir tout l'argent dont vous n'avez pas activement besoin afin de continuer à faire croître vos finances et à gagner votre chemin vers des niveaux de plus en plus élevés de liberté financière. En faisant cela, vous vous assurez que vous et votre famille ou toute personne que vous souhaitez bénir avec vos fonds n'aurez plus jamais à vous soucier des finances. À ce stade, vous avez vraiment atteint le point de la vraie liberté financière, et vous avez amplement le choix de ce que vous voulez faire avec cette liberté pour créer la vie et l'héritage que vous voulez avoir.

Atteindre la septième étape de la liberté financière ne se fait certainement pas du jour au lendemain, et cela vous demandera de faire des efforts constants pour créer et maintenir votre richesse. L'idée est que chaque fois que vous atteignez un nouveau niveau de liberté financière, votre compréhension de la production et de la gestion de la richesse devient également plus claire et plus sûre. En continuant à améliorer vos compétences en matière de production et de gestion de l'argent, vous constaterez qu'il vous sera encore plus facile de rester discipliné et d'atteindre votre prochain niveau de liberté financière.

Vous découvrirez probablement aussi que la liberté financière est différente de ce que vous pensiez qu'elle pouvait être. Beaucoup de gens croient que la liberté financière consiste à dépenser des sommes d'argent illimitées sans avoir à se soucier d'en manquer. Les personnes qui sont financièrement libres peuvent certainement dépenser beaucoup d'argent tout en étant financièrement à l'abri, mais elles se rendent souvent compte qu'au moment où elles atteignent la liberté financière, elles n'en ont pas envie. Ils réalisent plutôt qu'en cours de route, ils ont appris la discipline autour de l'argent et, par conséquent, ils sont plus enclins à respecter leurs achats et à ne dépenser de l'argent que pour les choses qui comptent. Il y a de fortes chances que vous trouviez que la nouveauté de dépenser de l'argent passe pour vous et que vous vous retrouviez à dépenser de l'argent de façon beaucoup plus raisonnable et responsable une fois que vous aurez atteint la liberté financière, vous aussi. En attendant, concentrez-vous sur l'apprentissage d'habitudes plus saines en matière de création et de gestion de patrimoine et restez déterminé à atteindre vos objectifs financiers. Plus vous resterez concentré, plus vous aurez de chances d'atteindre la liberté financière en 15 ans ou moins.

Chapitre 5 : L'outil numéro un dont vous avez besoin pour créer une richesse constante est une entreprise.

Lorsqu'il s'agit de créer la liberté financière, l'une des meilleures façons de créer un revenu récurrent constant est de créer une entreprise qui vous donnera l'occasion de créer ce revenu constant et récurrent. Si vous avez déjà observé une personne qui possède une grande richesse, vous reconnaîtrez probablement qu'à un moment ou à un autre, elle s'est impliquée dans l'entrepreneuriat. La création d'une entreprise est un moyen incroyable de mettre votre richesse entre vos mains en créant un actif productif de revenus dont le potentiel de gain est pratiquement illimité. C'est la raison pour laquelle cette voie particulière de création de richesse est si recherchée par les personnes qui cherchent à accroître leurs finances : elle leur donne un contrôle direct sur leur capacité à accroître et à gérer leurs revenus.

La création d'une entreprise dans le but de s'enrichir est une chose dont vous devez tenir compte. Contrairement à la création d'une entreprise par pure passion de l'entreprise de vos rêves, la création d'une entreprise pour s'enrichir exige que vous évaluiez honnêtement la rentabilité de toute entreprise que vous envisagez de développer. Vous devez vous assurer que vous tenez compte de vos objectifs financiers à long terme ainsi que de vos passions afin d'avoir plus de chances de choisir une voie qui sera agréable et fructueuse pour vous, tout en étant massivement rentable.

Si vous constatez que vous n'êtes pas particulièrement passionné par autre chose que la création de richesse, il existe de nombreuses voies que vous pouvez emprunter pour contourner ce manque apparent de passion afin de pouvoir continuer à générer du succès et à gagner beaucoup d'argent grâce à votre entreprise. Nous allons aborder toutes ces clés dans ce chapitre.

Développer une entreprise avec vos objectifs en tête

Lorsqu'il s'agit de développer votre entreprise, il y a vraiment deux façons de procéder : suivre une activité qui vous passionne ou suivre une activité qui vous aidera à atteindre vos objectifs. S'il n'y a pas de mauvaise raison de créer une entreprise, il est important que vous réfléchissiez vraiment à ce que vous voulez en retirer avant de faire des projets. Si vous êtes à la recherche d'une entreprise qui vous permette de vous adonner à un passe-temps passionnant et de gagner de l'argent, la création d'une entreprise par passion est une excellente idée. De nombreuses personnes dirigent même des entreprises fondées sur la passion et se retrouvent à gagner énormément d'argent grâce à ces entreprises, ce qui leur permet de créer le meilleur des deux mondes. Cependant, il est important de réaliser que si vous avez l'intention de transformer votre passion en profits, cela prendra presque toujours beaucoup de temps et ne sera peut-être jamais rentable, car vous pourriez vous retrouver à prendre des décisions plus basées sur la passion que sur le profit. S'il n'y a rien de mal à cela, si votre objectif initial était de réaliser des bénéfices afin de développer votre patrimoine et d'assurer votre avenir financier, ce n'est peut-être pas la bonne façon d'aborder les affaires.

Au lieu de vous focaliser sur ce qui vous passionne, pensez d'abord à vos objectifs à long terme pour votre entreprise. Que voulez-vous créer en définitive avec votre entreprise ? Naturellement, la richesse va vous venir à l'esprit lorsque vous réfléchissez à cette question, et c'est un bon sujet sur lequel se concentrer lorsqu'il s'agit de créer et de valider une idée d'entreprise. Cependant, il y a d'autres choses que vous allez vouloir créer pour vous-même à partir de votre entreprise, notamment autour du thème de la liberté. Vous souhaitez peut-être avoir la liberté de voyager quand vous le souhaitez, de prendre des congés quand vous le souhaitez, ou d'explorer différentes compétences ou différents domaines de la vie quand vous le souhaitez. Vous souhaitez peut-être pouvoir vous offrir le style de vie dont vous rêvez et même plus, ou vous souhaitez peut-être utiliser une entreprise basée sur le profit pour gérer une entreprise basée sur la passion, afin de pouvoir vraiment explorer tout ce que vous voulez dans la vie.

Lorsque vous prenez vraiment le temps d'identifier votre objectif dans votre entreprise avant de commencer à la construire, il devient plus facile pour vous de commencer à identifier les opportunités qui vont probablement atteindre ces objectifs pour vous. Vous commencez à trouver des opportunités qui ont la capacité de gagner la richesse que vous désirez ou de gagner la liberté que vous désirez. En cherchant, vous serez en mesure de trouver des choses qui vous donneront l'occasion de gérer votre entreprise basée sur la passion, aussi, ou qui s'intégreront facilement et de manière transparente dans votre entreprise basée sur la passion afin que vous puissiez facilement gérer les deux. Plus vous vous pencherez sur ce que vous voulez vraiment et ce dont vous avez vraiment besoin dans votre entreprise, plus il vous sera facile d'identifier une grande opportunité que vous pourrez poursuivre et qui vous offrira tout ce que vous désirez dans la vie. La clé ici est de s'assurer que vous poursuivez quelque chose qui sera capable d'atteindre tous vos objectifs ou d'atteindre vos objectifs principaux tout en vous permettant d'atteindre les autres.

Une fois que vous aurez vraiment compris ce que vous voulez et ce dont vous avez besoin, vous pourrez commencer à examiner ces idées d'entreprise qui correspondront effectivement à ce que vous recherchez. Ce faisant, assurez-vous que vous pouvez clairement voir comment l'idée d'entreprise s'adapterait à votre style de vie idéal et répondrait à vos besoins. Vous devez vous assurer que vous choisissez une entreprise qui va répondre à la majorité de vos besoins, car c'est ainsi que vous trouverez une entreprise qui vaut vraiment la peine d'être poursuivie. Lorsque vous pouvez voir clairement comment elle va vous aider dans l'ensemble, et à long terme, il devient plus facile pour vous de vous convaincre de mettre tout votre cœur dans votre entreprise et de la transformer en quelque chose de réussi.

Si l'un de vos besoins est que votre entreprise soit quelque chose qui vous passionne ou pourrait vous passionner, assurez-vous d'en tenir compte et de développer une entreprise dans laquelle vous pourrez mettre tout votre cœur. La clé du choix entre profit et passion est que, si votre objectif est d'accroître votre richesse, vous devez toujours donner la *priorité au* profit. La passion peut venir en deuxième position, mais elle doit tout de même être la priorité secondaire, car cela vous permet de faire le bon choix et de choisir les bénéfices dans les cas où vous devez prendre en compte votre profit par rapport à votre passion. En choisissant les bénéfices, vous permettez à votre entreprise de se développer suffisamment et d'être assez forte pour soutenir vos passions, ce qui signifie qu'au final, vous êtes gagnant en ayant *tous* vos besoins satisfaits.

Si la passion n'est pas une priorité pour vous, vous n'avez pas besoin de vous soucier de créer une entreprise qui vous passionne, mais vous devez tout de même envisager de créer quelque chose qui vous intéresse. Vous pouvez choisir soit une entreprise qui vous intéresse, soit un rôle d'autorité qui vous intéresse. Dans les deux cas, en vous assurant que vous vous intéressez à l'activité que vous avez choisie, vous vous assurez de pouvoir facilement prêter attention à ce que vous essayez de créer et de rester engagé dans vos efforts. Si vous manquez totalement d'intérêt pour ce que vous faites, il vous sera trop facile de vous reposer sur vos lauriers et de négliger vos objectifs pour ne pas avoir à faire quelque chose qui vous ennuie. Naturellement, ce n'est pas un état d'esprit fort lorsqu'il s'agit d'affaires, donc au moins avoir un certain niveau d'intérêt dans votre choix d'affaires vous aidera à créer ce que vous désirez avec votre entreprise.

Créer la vision de votre entreprise

Il est important d'aborder vos priorités et d'adapter votre état d'esprit au profit, à la passion et à tout autre besoin que vous avez. Cependant, une fois que votre état d'esprit est ajusté pour servir vos objectifs, vous devez vous concentrer sur la création d'une vision réelle pour votre entreprise qui vous donnera une image claire de ce vers quoi vous tendez. Plus votre image et votre intention seront claires, plus vous serez en mesure de créer les résultats que vous souhaitez, car vous saurez exactement ce que vous cherchez à atteindre *et* vous pourrez voir comment cela vous aidera à obtenir ce que vous voulez.

La création d'une vision pour votre entreprise est peut-être l'une des parties les plus agréables de la création d'une entreprise, car elle ne comporte aucune pression. En plus de vous assurer que l'entreprise peut répondre à vos besoins et à vos objectifs, vous pouvez vous amuser à créer l'image qui vous convient et à en faire votre objectif final. Transformer votre vision en quelque chose de clair et de réalisable est un processus en plusieurs étapes. En suivant ces étapes, vous aurez toutes les chances de créer une vision qui répondra vraiment à tous les besoins nécessaires pour transformer cette vision en un plan. Vous serez peut-être ravi de constater que le processus que vous utilisez pour identifier votre vision pour votre entreprise n'est pas différent du processus que vous utiliseriez pour créer votre vision pour votre vie personnelle.

La toute première étape de la création de votre vision consiste à réfléchir à ce que vous voulez que votre entreprise devienne dans dix ans. Si vous aviez atteint tous les objectifs et tous les besoins de votre entreprise, et même au-delà, à quoi cela ressemblerait-il ? Comment dirigeriez-vous l'entreprise, ou qui la dirigerait ? À quoi ressemblerait votre revenu annuel ? Quel type d'implication devrez-vous avoir dans votre entreprise pour qu'elle réponde à vos besoins ? Comment votre entreprise soutiendrait-elle votre vie non professionnelle ?

Soyez extrêmement clair sur ce que vous voulez pour vous-même et sur la façon dont vous voulez que votre entreprise réponde à vos besoins. Ensuite, déterminez comment vous pouvez commencer à répondre aux besoins de votre entreprise. Que devrez-vous faire pour que l'entreprise fonctionne ? Qui devriez-vous embaucher, quelles compétences devriez-vous avoir et quelles connaissances devriez-vous posséder ? Comment tout cela pourrait-il créer votre vision ultime ?

Il est important de comprendre que la vision et la mission de votre entreprise ne sont pas une seule et même chose. Pour l'instant, vous ne définissez pas ce que vous voulez faire pour votre entreprise, mais ce que votre entreprise peut faire pour vous. L'identification de votre implication dans l'entreprise ne doit servir que d'outil pour vous aider à identifier comment votre entreprise vous servira en vous donnant le type de vie professionnelle que vous souhaitez avoir. Vous devez également comprendre qu'une vision en soi n'est pas une stratégie ; il s'agit simplement d'une compréhension claire de ce vers quoi vous tendez et de ce que vous essayez de créer.

Après avoir clarifié ce à quoi tout ressemble, vous devez vous demander si la vision que vous avez créée vous aide réellement à atteindre vos objectifs. Considérez chaque objectif que vous avez mis en place précédemment et demandez-vous si cette vision vous permet réellement d'atteindre chacun de ces objectifs. S'il semble qu'il serait trop difficile pour vous d'atteindre ces objectifs, vous devez prendre du recul et examiner à nouveau votre vision pour voir comment vous pouvez l'ajuster afin de vous assurer que vos objectifs pourront être facilement atteints par votre vision.

En plus de considérer vos objectifs, vous devez considérer vos valeurs et les valeurs que vous voulez transmettre à votre entreprise. Lorsqu'ils créent leur première entreprise, de nombreux entrepreneurs oublient que leurs valeurs doivent être respectées au sein de leur société, sinon ils auront du mal à poursuivre cette activité. Si vous vous trouvez aux prises avec des valeurs contradictoires, voyez si vous pouvez adapter votre vision ou trouver une nouvelle façon de percevoir certaines parties de votre vision afin qu'elles correspondent à vos valeurs. Ensuite, faites preuve d'une grande intention en transposant ces valeurs dans votre entreprise, de manière à ne pas vous défier ou vous trahir lorsque vous créez votre entreprise.

Ensuite, vous devez être capable d'affiner votre vision en quelque chose de concis et facile à suivre. Si votre vision vous semble trop complexe ou écrasante, vous aurez du mal à la concrétiser, car vous ne comprendrez pas entièrement ce que vous essayez de faire. Idéalement, vous devriez être en mesure de réduire votre vision à une explication de deux ou trois phrases afin de pouvoir l'expliquer clairement et rapidement.

Plus votre vision est claire, plus il vous sera facile de l'incorporer dans un objectif, de sorte que vous puissiez transformer cet objectif en un plan et le suivre réellement.

Une fois que vous avez créé votre vision, vous allez vouloir faire une dernière révision pour vous assurer qu'elle vous convient vraiment. Écrivez-la sur papier et lisez les mots que vous avez choisi d'utiliser ; est-ce qu'ils vous semblent justes ? Reflètent-ils fidèlement ce que vous voulez créer, ou pourriez-vous utiliser des mots plus concis et plus efficaces ? Lisez-le à haute voix pour vous-même, est-ce que cela ressemble à ce que vous voulez vraiment ? Pouvez-vous voir clairement comment il capture vos objectifs et votre vision de ce que vous recherchez vraiment, dans votre entreprise et dans votre vie personnelle ? Est-ce qu'il semble qu'il va honorer le reste de la vision que vous avez pour vous-même en ne prenant pas *trop de temps* et en vous offrant les opportunités dont vous avez besoin pour avoir la vie globale que vous voulez ? Si vous êtes sûr de pouvoir répondre positivement à toutes ces questions et que votre vision reflète clairement ce que vous voulez et ce dont vous avez besoin pour votre entreprise, alors vous avez réussi à créer une vision d'entreprise solide.

Établir votre plan d'affaires

Une fois que vous avez mis en place une vision forte, il est temps pour vous de commencer à créer un véritable plan d'affaires à partir de la vision que vous avez développée. C'est à ce moment-là que vous devez prendre votre vision et créer une mission et une stratégie à partir de celle-ci, afin de lui donner vie et d'obtenir les résultats que vous souhaitez.

L'établissement de votre plan d'affaires va se faire en trois étapes. Tout d'abord, vous allez devoir établir votre mission, puis définir votre stratégie. Enfin, vous devez définir les étapes exactes à suivre pour transformer cette vision en un plan d'action. Une fois ces trois étapes franchies, vous disposerez d'un plan d'affaires solide qui vous permettra de mener à bien votre entreprise et d'atteindre tous vos objectifs et résultats souhaités grâce à elle.

La création de votre mission est la première étape pour cibler votre entreprise, ce qui signifie que vous vous éloignez de la façon dont votre entreprise vous servira et que vous commencez à vous concentrer sur la façon dont vous servirez dans votre entreprise. Ou, comment votre entreprise servira les *autres,* à savoir vos clients. Votre énoncé de mission vous permet de définir l'objectif de votre entreprise et ce que vous essayez d'accomplir grâce aux produits ou services que vous vendez. En définissant votre énoncé de mission, vous définissez clairement les objectifs que vous avez pour votre entreprise elle-même, comment vous voulez que cette entreprise fonctionne et ce que vous voulez accomplir grâce à cette entreprise. Pour toutes ces raisons, votre énoncé de mission doit être extrêmement axé sur votre entreprise et ne doit rien avoir à voir avec vous ou vos objectifs personnels.

Voici quelques bons exemples d'énoncés de mission :

- Patagonia : Construire le meilleur produit, ne pas causer de dommages inutiles, utiliser l'entreprise pour inspirer et mettre en œuvre des solutions à la crise environnementale.
- Honest Tea : Créer et promouvoir des boissons savoureuses, saines et biologiques.
- IKEA : créer un meilleur quotidien pour de nombreuses personnes.
- Nordstrom : Offrir aux clients l'expérience d'achat la plus convaincante.
- Tesla : Accélérer la transition du monde vers une énergie durable.

Notez que chacun de ces documents définit clairement la mission de l'entreprise, mais ne contient généralement pas d'informations sur les produits ou services qu'elle propose. En effet, dans le monde des affaires, les produits et services que vous proposez sont un outil dans le cadre de votre stratégie et non une partie intégrante de votre mission. Vous devriez faire la même chose en évitant de définir le produit ou le service que vous offrirez dans votre entreprise, mais en définissant plutôt l'objectif de ce produit ou service. Par exemple, si vous créez une entreprise de mode durable, votre énoncé de mission *ne* doit *pas* être quelque chose comme : "Créer des articles de mode durables pour les gens du monde entier". Elle *devrait* être quelque chose comme "Promouvoir des modes de vie durables dans le monde entier".

Après avoir créé votre mission, vous devez passer à votre stratégie. C'est dans le cadre de cette stratégie que vous définissez vos produits ou services, votre modèle d'entreprise idéal et votre approche pour fournir vos produits et services à vos clients. À ce stade, vous allez prendre votre vision et votre mission et les transformer en une série tangible d'objectifs et de stratégies que vous pouvez utiliser pour vous aider à créer les résultats que vous souhaitez.

La première partie de la création de votre stratégie consiste à identifier les produits ou services réels que vous souhaitez proposer, puis à adapter ces produits ou services à votre mission ou à votre vision. Si vous fabriquez des vêtements durables, par exemple, vous devez identifier les types de vêtements que vous allez fabriquer et pour qui vous allez les fabriquer. Ensuite, vous voudrez identifier les matériaux que vous utiliserez, les fournisseurs que vous solliciterez et la manière dont vous commercialiserez ces vêtements de la manière la plus durable possible.

Après avoir créé votre gamme de produits et élaboré une stratégie de commercialisation de ces produits, vous pouvez commencer à prendre ces éléments et à les transformer en une véritable stratégie. C'est là que vous allez définir comment ces produits vont répondre à un besoin, comment vous allez identifier votre public cible, et comment vous allez faire parvenir vos produits à ce public cible. Si vous n'êtes pas sûr de la manière dont certains éléments de votre entreprise doivent fonctionner, essayez de regarder d'autres entreprises dans votre niche et de voir comment elles ont structuré leur activité. Prêtez attention aux stratégies qu'elles utilisent pour créer leurs produits, les mettre sur le marché et réaliser des ventes avec leurs produits, puis utilisez-les pour commencer à élaborer votre propre stratégie.

Si vous voulez vraiment être clair et précis dans votre plan, une bonne idée est de récupérer une copie d'un modèle de plan d'affaires sur Internet et de le remplir avec des informations concernant votre propre entreprise. Remplissez chaque étape, qu'il s'agisse de la nature de votre entreprise, de ses clients, de vos stratégies d'entrée et de sortie ou de tout autre élément. Ainsi, vous aurez la certitude d'avoir toutes les informations nécessaires pour créer un véritable plan d'affaires sur lequel vous pourrez agir. Si vous avez du mal à remplir une partie du plan d'affaires, travailler avec un mentor est une excellente occasion pour vous d'apprendre de quelqu'un qui a fait cela avant vous et qui peut vous aider à compléter le plan également.

Validation de votre plan d'affaires

Chaque fois que vous finissez de créer un plan pour votre vie ou pour votre entreprise, vous devez toujours consacrer du temps à la validation de ce plan. En élaborant votre plan de vie, vous avez l'occasion de le valider pour vous assurer que vous allez effectivement pouvoir obtenir tout ce que vous voulez dans la vie grâce au plan que vous avez choisi. Lorsqu'il s'agit de développer un plan d'affaires, vous devez vous assurer de deux facteurs importants.

Le premier facteur important que vous souhaitez valider dans votre plan d'affaires est lié à vous-même et à vos objectifs personnels globaux. Puisque c'est vous qui allez diriger l'entreprise et y investir votre temps et votre passion, vous devez évaluer régulièrement vos plans d'affaires et vos opérations pour vous assurer qu'ils vous aident à créer ce que vous voulez dans votre vie. Il est important que vous ayez l'impression que vos désirs et vos besoins sont satisfaits par votre entreprise, en particulier en ce qui concerne la création de richesse et la manière dont vous créez cette richesse. Vous devez avoir la certitude que le plan que vous avez conçu pour votre entreprise vous permettra de créer les revenus que vous souhaitez, et qu'il ne vous prendra pas plus de temps ou d'énergie que vous n'êtes prêt à investir dans votre entreprise. En réexaminant continuellement votre entreprise pour vous assurer qu'elle continue à répondre à vos objectifs de vie et financiers, vous ne développerez jamais votre entreprise d'une manière qui vous donne l'impression d'être épuisé ou désintéressé par celle-ci.

L'un des avantages de pouvoir créer votre vie dans un but précis et de créer une entreprise pour qu'elle s'adapte à votre vie est que vous pouvez décider des règles de votre vie et de votre entreprise. Cela signifie que vous pouvez décider comment adapter votre entreprise à ce que vous voulez pour vous-même et ce que vous êtes prêt à faire pour que cette entreprise se réalise. Bien sûr, il y a beaucoup de choses que vous *devrez* faire pour que votre entreprise fonctionne, mais il y a souvent de la flexibilité dans la *façon de* les faire pour que vous puissiez vivre la vie que vous désirez et gagner l'argent que vous voulez. Travailler dans ce domaine de la flexibilité est un excellent moyen de vous permettre de gérer une entreprise avec succès, car cela vous permet de rester dans l'état d'esprit "*J'aime ce que je fais*" plutôt que "*J'ai hâte que cela soit fait*". Naturellement, plus vous aurez envie de vous montrer et de faire ce qui doit être fait, plus votre entreprise se développera et plus vous aurez de succès.

Il n'est pas souvent naturel pour les personnes qui passent d'un état d'esprit d'employé à un état d'esprit d'entrepreneur de savoir réellement ce qu'elles attendent de leur entreprise, et encore moins de se donner la permission de gérer leur entreprise à leur manière. C'est pourquoi il est important que vous réexaminiez régulièrement tous les plans que vous faites, immédiatement après les avoir établis et par la suite, afin de vous assurer que vous avez établi des plans qui seront couronnés de succès *et qui* reflètent vos véritables désirs.

Après avoir tenu compte de vous-même dans vos plans et examiné comment votre plan d'affaires va vous servir, vous devez voir comment votre plan d'affaires va servir à votre entreprise. Cette partie est extrêmement importante, car vous devez vous assurer que votre plan d'affaires peut, de manière réaliste, amener votre entreprise là où vous voulez et devez aller. À ce stade, vous vous rendrez peut-être compte que vous devrez travailler un peu plus que prévu ou que vous devrez faire des compromis sur ce que vous êtes prêt à faire pour amener votre entreprise au point où vous voulez l'amener.

Il est essentiel de faire preuve de réalisme lorsqu'il s'agit d'élaborer des plans d'affaires, car vous ne voulez jamais sous-estimer ce qu'il vous faudra pour amener votre entreprise au point où vous voulez l'amener. Il peut être facile de se sentir dépassé par l'identification de ce qui est "réaliste", surtout si vous êtes nouveau dans le secteur. Faites de votre mieux et révisez fréquemment votre plan pour vous assurer que vous avez vraiment trouvé un équilibre réaliste. De cette façon, vous pouvez être sûr que votre plan d'affaires vous mènera vraiment là où vous voulez aller dans votre entreprise.

Si vous ne savez pas si votre plan d'affaires est réaliste ou non, deux excellentes façons de valider ce fait sont de vous demander : "Est-ce que je pense vraiment que je peux atteindre cet objectif ?" et "Combien de fois d'autres personnes dans cette industrie atteignent des objectifs comme celui-ci ?" Se demander d'abord si vous pensez honnêtement pouvoir réaliser quelque chose est un excellent moyen de s'assurer que vous créez des objectifs et des plans qui sont réalistes par rapport à *vos* compétences et à vos capacités. Vérifier les statistiques de l'industrie que vous avez choisie est une excellente occasion de vous assurer que vos plans sont réalistes pour l'industrie dans laquelle vous travaillez. Vous pouvez revoir votre plan de temps en temps et le mettre à jour avec vos propres statistiques basées sur les performances de votre propre entreprise pour voir comment vous vous en sortez et pour ajuster votre plan si nécessaire.

Une fois que vous avez mis en place un plan solide pour votre entreprise, vous pouvez être sûr de disposer d'une base solide. La création d'une base solide pour votre entreprise est absolument essentielle lorsqu'il s'agit de développer des plans qui vous serviront à démarrer votre entreprise ; cependant, il est important que vous vous développiez également au-delà de vos plans. Passer à la mise en œuvre de ces plans est un excellent moyen de s'assurer que vous allez réellement développer une entreprise qui vous donnera le style de vie et le revenu que vous désirez.

Chapitre 6 : Si vous voulez que votre entreprise soit un succès, vous devez faire ces choses

Faire de votre entreprise une réalité est un processus en trois étapes qui nécessite d'abord de créer une entité pour votre entreprise. Après avoir développé votre entité commerciale, vous devez la faire connaître au public, puis la faire croître afin d'atteindre vos objectifs financiers. Cela peut sembler incroyablement simple en théorie, mais développer votre entreprise et la transformer en une ressource rentable est quelque chose qui vous demandera de comprendre les éléments intimes qui entrent dans chacune de ces trois étapes. Ceux qui ont vraiment maîtrisé l'art des affaires ont étudié ces pratiques pendant des années, mais j'ai un secret qui va vous aider à aller au-delà de ce que même des années d'études ne peuvent faire.

Vous voyez, tout le monde pense que le commerce est une question de connaissance et d'éducation. Ils pensent que s'ils obtiennent un bon diplôme et font tous leurs devoirs, ils comprendront vraiment ce qu'il faut pour diriger une entreprise prospère et gagner beaucoup d'argent en le faisant. Si c'était vrai, chaque personne diplômée d'une école de commerce dirigerait la prochaine entreprise Apple, Microsoft ou Gillet. En réalité, si le savoir est important, il n'apporte pas grand-chose par rapport au secret que les vrais maîtres des affaires ont découvert et commencé à utiliser dans leurs entreprises. Ce secret pourrait se résumer en une seule phrase, mais le mieux est de le décomposer en quatre piliers nécessaires à l'entreprise : la marque, le marketing, la vente et la croissance.

L'image de marque de votre entreprise

Le tout premier secret de la création d'une entreprise prospère est la création d'une marque pour votre entreprise. C'est là que vous prenez votre plan d'affaires et développez une entité commerciale que vous allez utiliser pour interagir avec vos clients. Les gens pensent que votre marque a tout à voir avec les produits ou services que vous vendez, mais c'est loin d'être le cas. La réalité est la suivante : votre marque a tout à voir avec "qui" elle est et comment elle se connecte à votre public cible et lui procure des sensations. Si vous parvenez à donner une image de marque correcte à votre entreprise, vous développerez une entité qui n'aura aucun problème à atteindre votre clientèle cible et à développer des relations solides avec elle, afin de pouvoir en tirer profit.

Les personnes qui sortent tout juste d'une école de commerce vous diront que l'image de marque concerne l'apparence de votre entreprise, depuis votre logo et votre palette de couleurs jusqu'au "style" que vous avez choisi, qu'il soit élégant, classique, audacieux, chic ou masculin. En réalité, ce sont tous des éléments de votre marque, mais le *véritable* secret de votre marque va bien au-delà de votre image, et il est également beaucoup plus simple à créer qu'un ensemble de marques.

Le secret d'une stratégie de marque réussie consiste à prendre conscience du fait que, si pour vous, votre activité consiste à gagner de l'argent, pour votre client, elle consiste à se sentir bien. Cela signifie que vous devez commencer dès le début en cultivant une entité qui les fait se sentir bien. Tout ce qui concerne la personnalité de votre marque, de la façon dont elle se présente à ce qu'elle dit et comment elle le dit, vous donnera l'occasion de créer une relation positive avec votre public cible. Si vous parvenez à mettre en place une "persona" complète qui fait que vos clients se sentent bien, ils se connecteront rapidement et naturellement à votre marque d'une manière qui les incitera à en vouloir plus.

En tant que cerveau de votre entreprise, vous devez mettre de côté les préoccupations liées à l'apparence de votre marque et aller à la racine du problème : que doit faire, avoir et être votre marque pour que les gens se sentent bien avec elle ? C'est à ce moment-là que les maîtres d'affaires qui réussissent vraiment vont s'asseoir et réfléchir à ce qu'il leur faut pour créer une marque qui aide leurs clients à se sentir bien, surtout en présence de la marque. Considérez les mots clés qui identifient comment vos clients veulent se sentir lorsqu'ils interagissent avec votre marque, tels que : "bon, heureux, sain, intelligent, écologique, luxueux, soutenu, soigné, impressionné, inspiré" et tout autre mot décrivant ce que vous voulez que votre client ressente. Soyez aussi clair que possible et assurez-vous que chaque mot représente de manière concise ce que vous voulez que votre client ressente lorsqu'il interagit avec votre marque.

Une fois que vous savez comment votre client veut se sentir et comment vous voulez qu'il se sente, vous devez prendre ces informations et commencer à développer un véritable personnage qui permettra à votre marque de créer ces sentiments chez votre client. C'est là que vous devenez en quelque sorte un conteur d'histoires, en créant votre protagoniste et le protagoniste de l'histoire de vos clients partout dans le monde. Le protagoniste que vous créez doit être le gentil ou le héros. Il doit être celui qui prend directement en compte un besoin ou une préoccupation de vos clients et qui leur apporte ensuite la solution exacte qu'ils recherchent de la manière qui leur convient le mieux. Si vous dirigez une entreprise de mode, votre marque est le héros qui aide les amoureux de la mode du monde entier à accéder aux types exacts de vêtements qu'ils recherchent afin qu'ils puissent véritablement prendre plaisir à s'exprimer. Si vous dirigez une entreprise technologique, votre marque est le héros qui reconnaît un besoin spécifique dans les domaines technologiques de la vie de vos clients et leur offre la solution exacte qu'ils recherchent. Quelle que soit l'entreprise que vous dirigez, votre protagoniste identifie clairement un besoin spécifique de votre client et répond à ce besoin pour lui.

Après avoir développé votre protagoniste qui répond suffisamment aux besoins de vos clients pour jouer le rôle de héros, vous devez donner un nom à ce protagoniste, qui sera le nom de votre entreprise. Ensuite, vous voulez remettre votre marque entre les mains d'experts qui peuvent donner vie à votre protagoniste. Vous voulez engager un graphiste qui peut créer un logo et un ensemble graphique qui reflète clairement la personnalité que vous donnez vie à votre entreprise. À partir de maintenant, vous devez toujours chercher à travailler avec des professionnels capables de créer des images et des éléments graphiques qui correspondent à la personnalité héroïque de votre marque.

Ensuite, vous devez commencer à apprendre comment votre protagoniste doit parler afin de stimuler les sentiments souhaités chez votre client. Si vous disposez des fonds nécessaires pour engager une équipe de rédacteurs, vous pouvez faire appel à des rédacteurs pour vous aider à créer du contenu écrit, comme des légendes pour les médias sociaux et du contenu publicitaire écrit pour votre marque. Sinon, vous devrez apprendre à le faire vous-même. D'une manière ou d'une autre, vous allez devoir apprendre le langage de votre marque car vous devez d'abord le comprendre, car personne ne peut vous aider à construire votre vision si vous n'êtes pas clair sur ce qu'elle est vous-même.

Le secret de la stratégie de marque que les propriétaires d'entreprise connaissent bien est que ce n'est pas l'apparence de votre marque ou même le son de votre marque qui compte. Vous pouvez passer autant d'heures que vous le souhaitez sur la conception graphique et la coordination des couleurs, votre marque peut toujours échouer à atteindre votre public cible. La raison en est que vous n'avez pas pris le temps de créer adéquatement un protagoniste qui va devenir le héros de l'histoire de votre client. Vous avez créé une jolie image que votre client pourrait apprécier, mais à laquelle il ne pourra pas vraiment s'identifier. Si vous voulez passer du statut de nouveau propriétaire d'entreprise à celui de maître d'entreprise, vous devez toujours vous pencher sur ce qui compte le plus, puis vous assurer le soutien de maîtres qui vous aideront à donner vie à ces questions. Dans le cas de la stratégie de marque, votre seul objectif est d'identifier votre protagoniste et de lui donner vie.

Commercialisation de votre entreprise

Le marketing est la première étape pour mettre votre entreprise sous les yeux de vos clients. À ce stade, vous passez du stade où vous avez un protagoniste à celui où vous laissez votre protagoniste devenir le héros de l'histoire des gens. Le marketing de votre entreprise est une compétence qui prend du temps à développer et, contrairement à la croyance populaire, ce n'est pas une compétence que vous pouvez apprendre directement dans un livre ou un article de blog. En fait, il est peu probable que votre propre mentor ait les réponses pour vous donner le processus étape par étape sur la façon de commercialiser votre marque auprès de vos clients. La raison en est que le marketing doit être authentique et qu'il doit s'adresser à vos clients d'une manière qui communique directement avec *eux*. Perfectionner l'art de la communication entre vous et vos clients prend du temps, car une certaine synchronicité doit se produire entre ce que vous dites et la façon dont vous transmettez ce message à vos clients.

Cela étant dit, il existe de nombreuses ressources sur lesquelles vous pouvez vous appuyer pour commencer à élaborer les bases de votre marketing afin de pouvoir diffuser vos messages. La plupart de ces ressources parlent de trois formes principales de marketing : la publicité sur les médias sociaux, la publicité imprimée et le bouche à oreille. D'un point de vue pratique, ces trois formes sont nécessaires. Au niveau du chef d'entreprise, le secret est que ces aspects pratiques n'ont pas nécessairement l'importance que les gens semblent leur accorder.

La publicité sur les médias sociaux est la forme de publicité la plus puissante que nous puissions exploiter à l'époque actuelle. Compte tenu de la structure actuelle de la société, pratiquement tous les groupes démographiques sont présents sur les médias sociaux et seront facilement accessibles grâce à une présence en ligne bien placée, bien développée et cohérente. Il est nécessaire de créer une présence sur les médias sociaux pour votre marque, même si vous ne prévoyez pas de gérer une entreprise entièrement en ligne, car c'est ainsi que les gens vous trouvent et prennent conscience de qui vous êtes. Pour beaucoup de gens, les médias sociaux sont aussi l'endroit où vous allez pouvoir développer votre crédibilité, car ils se rendent compte que vous êtes une entreprise réelle et légitime. Lorsque vous commencez à développer votre présence sur les médias sociaux, pensez à votre protagoniste et à la façon dont il se présenterait en ligne. Développez une présence en ligne qui ressemble véritablement à une plateforme personnalisée pour le protagoniste de votre entreprise, ou pour votre marque elle-même. En créant votre stratégie de médias sociaux de cette manière, vous vous assurez que votre présence commence à cultiver ces relations essentielles avec les personnes qui soutiendront directement votre entreprise.

La publicité imprimée est identique à la publicité sur les médias sociaux, sauf qu'elle a tendance à coûter plus cher et qu'elle n'est pas toujours pertinente pour toutes les entreprises qui voient le jour. Si vous disposez d'un budget limité, ou si vous envisagez de gérer une entreprise entièrement basée sur le commerce électronique, ne perdez pas votre temps ni votre budget à investir dans des publicités imprimées. Vous pourrez passer aux publicités imprimées une fois que vous serez plus important et il semble raisonnable de passer à ce stade de la publicité si jamais cela se produit. Si, toutefois, vous dirigez une entreprise de briques et de mortier où le commerce électronique ne représente pas la totalité de vos activités, vous allez devoir maîtriser les publicités imprimées. Les cartes de visite, les panneaux d'affichage, les affiches bien placées et d'autres formes de publicité imprimée vous donneront tous une excellente occasion de vous mettre sous les yeux de vos clients.

La publicité de bouche à oreille est et restera toujours l'une des formes de publicité les plus profondes et les plus puissantes que vous puissiez utiliser. En fait, certaines marques fonctionnent exclusivement grâce à la publicité par le bouche-à-oreille et déploient très peu d'efforts pour faire connaître leur marque ailleurs, car elles ont réussi à tirer parti de la publicité par le bouche-à-oreille de manière si efficace. La publicité de bouche à oreille vous donne toute la crédibilité et la validation dont vous avez besoin pour gagner immédiatement l'intérêt et la confiance de vos clients cibles. Si vous parvenez à toucher les bonnes personnes, vous pouvez également être vu par un public massif, bien plus engagé et chaleureux que tout autre public que vous pourriez obtenir par d'autres formes de publicité. La popularité de la publicité de bouche à oreille est exactement la raison pour laquelle tant de marques encouragent les recommandations, tout en engageant des influenceurs pour aider à promouvoir leurs marques auprès du public.

Si toutes ces méthodes publicitaires sont excellentes, il n'en reste pas moins que pour un véritable maître d'affaires, l'application pratique de ces méthodes n'a que peu d'importance. La véritable question que les vrais maîtres d'affaires se posent en permanence est la suivante : "comment ma marque peut-elle parler pour que les gens l'écoutent ?" Tout le reste ne devient alors qu'un outil pour que les gens vous écoutent. Encore une fois, se concentrer sur la racine de ce que vous essayez vraiment d'atteindre est nécessaire pour vous aider à créer le type de résultats que vous souhaitez obtenir avec votre marque. Après tout, tout le marketing du monde n'aura aucune importance si personne n'écoute ce que vous dites. Pour que tout ce que vous faites fonctionne, vous devez d'abord faire en sorte que les gens s'intéressent à ce que vous avez à dire, et vous y parvenez en parlant et en vous montrant d'une manière qui a du sens pour eux. Les médias sociaux, les publicités imprimées et le bouche-à-oreille sont autant d'outils pour amener les gens à parler de vous et à écouter ce que vous avez à dire. Ce faisant, ils prennent conscience de votre marque et commencent à développer des relations personnelles avec le protagoniste que vous avez cultivé.

Gagner des ventes massives

La deuxième étape pour faire connaître votre marque à vos clients consiste à réaliser des ventes. Ou, de préférence, réaliser des ventes *massives*. Après tout, il s'agit de créer de la richesse, un style de vie et une activité qui contribuent réellement à votre liberté financière, n'est-ce pas ?

Il existe un élément spécifique qui, s'il est utilisé correctement, peut faire exploser vos chiffres de vente de façon massive et vous permettre de créer rapidement le type de revenu que vous souhaitez dans votre entreprise. Lorsque vous apprendrez ce qu'est cet élément et comment le travailler, vous découvrirez qu'il est effectivement puissant et qu'il peut être manipulé et utilisé à votre avantage bien plus que vous ne le pensez. Cet élément est l'élan.

Bien que les discours mielleux, les publicités bien placées et les ventes opportunes contribuent tous au processus de vente, le véritable moteur de vos ventes est l'élan. Si vous voulez réaliser des ventes régulières dans votre entreprise, vous devez créer une dynamique afin de continuer à faire connaître votre nom plus rapidement et plus loin. Plus les gens parleront de votre marque et des produits ou services qu'ils vous ont achetés, plus vous serez rapidement dans les mains d'un nombre croissant de personnes. En continuant à développer des ventes massives, vous continuerez à gagner des *revenus de* vente massifs qui vous aideront à augmenter vos revenus et à vous enrichir.

Il est important que, pour développer votre dynamique, vous compreniez les deux choses que vous pouvez faire pour aider à développer et à accroître votre dynamique au fil du temps. La première chose que vous pouvez faire est de vous assurer que tout est en place pour que les ventes aient lieu. Cela signifie que votre marque doit être bien développée, que votre marketing doit être complet et que vous devez mettre en place les étapes nécessaires pour que les ventes aient lieu. Si vous êtes une entreprise de commerce électronique, cela inclut un canal de vente tel qu'un site web fonctionnel et bien identifié et une page de paiement appropriée sur votre site web. Si vous êtes un magasin de briques et de mortier, cela implique d'avoir du personnel de vente sur place qui peut aider vos clients à passer à la caisse avec les articles qu'ils achètent chez vous. Le fait d'avoir tout mis en place et affiché clairement pour vos clients garantit qu'une fois qu'ils sont prêts à faire leurs achats chez vous, tout est en place pour une expérience d'achat agréable et sans heurts. L'expérience d'achat que vous créez doit refléter directement le protagoniste de votre entreprise, ou votre marque, car vous devez vous assurer que ce personnage reste cohérent tout au long du processus. En d'autres termes, si vous avez développé un personnage branché et chic, l'ensemble du processus de paiement doit s'adresser à un public branché et chic. Tout type de persona que vous avez développé doit être honoré tout au long du processus de vente.

Vous devez également vous assurer que vous avez la puissance nécessaire pour soutenir l'élan croissant que vous commencez à développer au sein de votre entreprise. Cela signifie que vous devez disposer de suffisamment de produits pour honorer les commandes ou de personnel pour assurer les services, ainsi que de suffisamment de ressources pour expédier vos produits assez rapidement pour honorer vos commandes. Vous devez également disposer d'un certain niveau d'assistance à la clientèle, de sorte que si un problème survient au cours du processus d'achat ou d'expédition, il y ait quelqu'un à bord pour s'en occuper. Bien que vous puissiez probablement vous en occuper vous-même au début, le fait d'avoir quelqu'un pour vous aider à long terme vous permettra de rester concentré sur ce qui compte : la gestion de votre entreprise.

Une fois que votre canal de vente est entièrement en place, l'étape suivante de votre processus de développement commercial consiste à faire en sorte que votre entonnoir de vente et vos stratégies de marketing fonctionnent en parfaite harmonie. Vous devez vous assurer que vos stratégies de marketing conduisent clairement les gens vers votre canal de vente, et que ce dernier correspond aux attentes de vos clients lorsqu'ils trouvent vos supports marketing. Au fur et à mesure de votre croissance, vous voudrez continuer à entretenir cette partie de votre activité, car vous devrez l'adapter en permanence pour rester cohérent et offrir la meilleure expérience client possible.

La façon dont un chef d'entreprise exploite le secret de l'élan lorsqu'il s'agit de réaliser des ventes est de réaliser que l'élan ne soutient pas seulement la croissance de l'entreprise, mais qu'il vous aide également à conclure des ventes. Bien que les applications techniques telles que les sites Web de vente en ligne et les stratégies d'expédition soient importantes, un chef d'entreprise sait que ces éléments ne sont que des outils pour créer ce qui compte vraiment : l'expérience client. L'expérience du client doit s'appuyer sur l'excitation, la joie et la satisfaction au fur et à mesure qu'il parcourt votre canal de vente. Cela signifie que, depuis la découverte de votre matériel de marketing bien placé jusqu'au chargement de sa carte pour vos produits ou services, votre client doit sentir que chaque étape du processus est encore meilleure que la précédente. Grâce à cette dynamique, il est beaucoup moins susceptible de se désintéresser ou de renoncer à un achat au milieu du processus. En conséquence, vous obtenez des ventes massives qui soutiennent vos objectifs de revenus massifs.

Faciliter la croissance

Avez-vous déjà vu une entreprise proposer un produit ou un service exceptionnel, le vendre comme un fou pendant un certain temps, puis disparaître complètement après que le battage médiatique autour de ce produit ou service se soit estompé ? Cela se produit parce que de nombreuses personnes ne parviennent pas à exploiter les secrets de l'exploitation de la dynamique afin de développer leur entreprise. Au lieu de cela, ils profitent de l'élan d'une excellente idée et d'un nouveau lancement pour réaliser des ventes, puis ils ne capitalisent jamais réellement sur cet élan en l'utilisant pour créer leur prochain nouveau lancement, puis leur prochain nouveau lancement. Si ces personnes maîtrisaient le processus d'exploitation et d'utilisation de la dynamique, elles seraient en mesure de continuer à réaliser des ventes massives et de faire croître leur entreprise de manière exponentielle sur une période donnée. Puisque vous cherchez à avoir une entreprise qui agit comme un actif productif de revenus, vous devez vous assurer que vous savez comment exploiter cette dynamique et continuer à la développer pour en faire une marque plus grande et encore plus rentable.

Pour exploiter le dynamisme de votre entreprise, vous devez savoir comment travailler avec votre public pour maintenir son attention tout en attirant son attention sur d'autres nouveautés intéressantes que vous avez à lui proposer. Pour cela, vous devez vous demander en permanence ce dont votre public a besoin et à quelle fréquence il en a besoin. Vous devez également savoir comment utiliser le langage et le marketing pour créer de l'anticipation, car l'anticipation crée un élan massif, et cet élan continuera à augmenter votre élan de base au fil du temps.

Voyez-le de cette façon :

- Vous lancez votre premier produit dans votre entreprise et, à la suite d'un lancement réussi, vous vous retrouvez à réaliser d'énormes ventes grâce à ce lancement. Disons que vous vendez 1 000 unités par semaine au début.

- Peu de temps après votre lancement, disons dans les trois mois, vous vendez environ 300 unités par semaine. C'est votre élan "de base". Vous pouvez soit préparer le lancement d'un nouveau produit ou service et relancer la dynamique, soit laisser cette dynamique s'affaiblir lentement jusqu'à ce que vous atteigniez 0 unité par semaine. (Disons que vous choisissez de lancer quelque chose de nouveau).

- 4 mois après votre lancement initial, vous avez un nouveau produit à offrir. Vous commencez à le commercialiser et au bout de 5th mois, il est officiellement disponible pour les masses. Disons que vous vendez à nouveau 1 000 unités par semaine de ce nouveau produit. Cet élan va également attirer l'attention sur votre produit original, alors disons que cela fait passer votre produit original à 500 unités par semaine. Vous vendez maintenant 1 500 unités par semaine.

- Lorsque la dynamique se stabilise à nouveau, vous vendez environ 400 unités de chaque produit par semaine, ce qui porte votre nouvelle dynamique de base à 800 unités par semaine.

Si vous vouliez exploiter la dynamique et l'utiliser pour développer des ventes massives tout en augmentant vos ventes de base, vous suivriez une structure de lancement similaire pour aider votre entreprise à se mettre continuellement sous les yeux de vos clients. En proposant différents produits ou services, en relançant d'anciens produits ou services ou en actualisant des offres existantes, vous vous assurez de toujours donner à vos clients quelque chose de nouveau à regarder. En conséquence, vous exploitez les clients précédents en leur donnant quelque chose de nouveau à acheter chez vous et vous vous donnez la possibilité d'exploiter encore plus de clients. En effet, à chaque lancement, de plus en plus de personnes parlent de votre marque et s'intéressent à ce que vous avez à offrir.

Outre l'utilisation d'une stratégie de lancement pour augmenter les ventes, vous pouvez également utiliser les RP ou les relations publiques comme moyen de faire connaître votre marque encore davantage. En matière de relations publiques, la stratégie clé consiste à parler de votre marque à un maximum de personnes afin qu'elles en parlent à leur tour. Plus vous vous efforcerez de parler à des personnes de qualité, plus vous réussirez à faire connaître votre marque. Pour ce faire, vous pouvez vous adresser à des blogueurs, des journaux, d'autres entreprises, des influenceurs et toute autre personne ayant une portée considérable qui pourra éventuellement écrire sur votre marque et faire connaître votre entreprise à son public. Plus vous pourrez faire connaître votre nom, plus vous aurez de succès et plus vous serez en mesure de créer les résultats que vous désirez.

Ainsi, le secret de la croissance de votre entreprise que les maîtres connaissent et dont vous avez besoin est de savoir comment utiliser le momentum comme un moyen d'accroître votre entreprise en pleine croissance. Plus vous saurez exploiter efficacement l'élan, plus vous serez en mesure de faire connaître votre marque aux bonnes personnes et de la faire croître au fil du temps. Avec chaque nouveau lancement et chaque expérience de construction et de libération de l'élan, vous augmenterez votre résultat net et maintiendrez la croissance globale de votre entreprise, ce qui vous permettra finalement de 10x, 100x et même 1000x vos résultats initiaux en continuant à faire connaître votre nom.

Un autre secret que je vais vous offrir et que les maîtres des affaires connaissent bien est le suivant : lorsqu'il s'agit de gérer une entreprise avec succès, le fait de savoir ce que vous faites réellement n'a que très peu à voir avec le succès que vous créez. Le succès vient en fait du fait que vous posez les bonnes questions afin d'identifier ce qui compte vraiment au cœur de tout ce que vous faites. Ensuite, vous devez prioriser votre attention afin de pouvoir réaliser ces objectifs et amener votre entreprise là où elle doit être. La plupart des propriétaires d'entreprise qui réussissent dans notre monde actuel n'ont pratiquement aucune idée de la manière de gérer leur entreprise, car ils ne sont pas des experts en marketing, en vente ou même en stratégie de marque. Au lieu de cela, ils ont su poser les bonnes questions et trouver les bonnes réponses, puis ils ont demandé l'aide d'autres personnes pour donner vie à toutes ces informations. En sachant comment se concentrer sur ce qui compte et ensuite diriger les autres pour donner vie à ces questions, vous vous donnez la meilleure chance de pouvoir diriger un empire vraiment prospère qui vous rapportera tout l'argent dont vous avez besoin pour créer votre liberté financière et votre héritage financier. C'est le secret ultime des maîtres d'affaires du monde entier.

Conclusion

La liberté financière est une chose que tout le monde semble vouloir, mais très peu de personnes sont sur la bonne voie pour l'atteindre. Pour pouvoir créer votre propre liberté financière, vous devez connaître le bon état d'esprit et les bonnes actions à entreprendre pour vous aider à gagner de l'argent, à le gérer et à créer votre héritage financier. Si vous êtes en mesure de maîtriser efficacement ces trois éléments, vous serez sur la bonne voie pour laisser derrière vous un héritage qui correspond à vos objectifs personnels.

Lorsqu'il s'agit de créer le bon état d'esprit, vous devez apprendre à relâcher la pression sur vous-même et à vous concentrer sur ce qui compte vraiment. Cela signifie que vous devez limiter votre quête de perfection au profit d'une quête de curiosité et d'épanouissement. Chaque état d'esprit que vous devez cultiver afin de créer le succès que vous désirez viendra d'abord de votre volonté d'être curieux et de développer un désir insatiable de satisfaire votre curiosité. Plus vous développerez cela en vous, plus vous serez en mesure de rester mentalement sur la bonne voie pour faire ce qu'il faut pour créer de la richesse et un héritage financier.

Le fait de gagner et de gérer de l'argent découle du même état d'esprit fondamental, sauf que vous constaterez probablement que vous devez vraiment vous mettre à l'épreuve et maîtriser cet état d'esprit afin de gagner et de gérer efficacement de l'argent. Plus vous parviendrez à maîtriser votre autodiscipline et votre maîtrise de soi et à travailler sur vous-même pour vous permettre de maîtriser l'art de gagner et de gérer de l'argent, plus vous serez en mesure de gagner et de gérer de l'argent.

Grâce à cela, vous vous retrouverez sans effort à diriger une entreprise, à gérer l'argent de cette entreprise et à vivre le style de vie que vous souhaitez. Il s'agit d'un élément clé pour pouvoir réaliser les projets de vie que vous avez pour vous-même. Si vous voulez vraiment vivre selon cette vision, engagez-vous et restez concentré sur le développement de l'autodiscipline.

La création d'un héritage financier va bien au-delà de la simple liberté financière. Il s'agit de créer une liberté financière pour vous-même et pour toute autre personne que vous souhaitez aider. Si vous avez des enfants, des petits-enfants ou même une organisation caritative que vous souhaitez soutenir, le fait de pouvoir accumuler suffisamment d'argent pour accéder à une véritable liberté financière signifie que vous pouvez également investir dans les domaines de votre vie qui vous tiennent à cœur. En conséquence, vous êtes en mesure de laisser derrière vous un héritage qui va bien au-delà du simple fait d'être riche. Avec les bonnes actions, vous pouvez également développer une entreprise qui sert d'héritage en ayant la capacité non seulement de transmettre des fonds à vos proches, mais aussi un actif productif de revenus qui leur servira à créer leurs propres héritages financiers.

Avant de vous lancer dans votre mission de création de votre propre héritage financier, je vous demande de prendre un moment pour lire *How to Create Wealth* sur Amazon Kindle. Vos commentaires honnêtes seront très appréciés, car ils me permettront de continuer à créer un contenu de qualité pour vous aider à atteindre vos objectifs de vie. Cela aidera également d'autres personnes comme vous à trouver cette excellente ressource afin qu'elles puissent, elles aussi, commencer à construire leur chemin vers la liberté financière en créant leur propre richesse.
Merci, et bonne chance ! Vous pouvez le faire !

Description

La liberté financière semble être un rêve lointain et irréalisable pour la plupart des gens, mais pour quelqu'un comme vous, cela semble être un objectif réaliste. Vous savez que tout le monde n'est pas fait pour la grandeur, mais ce club exclusif semble être l'endroit exact où vous deviez vous retrouver. L'état d'esprit, la liberté et l'épanouissement sont synonymes de vos objectifs de vie, et vous êtes prêt à utiliser le processus étape par étape pour donner vie à ces objectifs. C'est pourquoi vous avez décidé de lire ce livre, et je vous assure que vous trouverez que c'est une bonne décision.

La liberté financière est un objectif qui, croyez-le ou non, peut être atteint par absolument tout le monde. Avec une vision, un état d'esprit et des objectifs appropriés, vous pouvez gagner, épargner et élaborer des stratégies pour laisser derrière vous votre propre héritage financier. Pour y parvenir, cependant, vous devez savoir comment canaliser et concentrer votre énergie afin de suivre un chemin bien défini vers votre réussite.

Il y a une règle que les gens qui réussissent suivent et que personne d'autre ne suit, et c'est grâce à elle qu'ils atteignent tous leurs objectifs de vie, alors que beaucoup d'autres se retrouvent à croire continuellement que leurs objectifs sont irréalistes. Cette règle est simple : ne pas réinventer la roue. À part cela, il n'y a pas de règle.

Le chemin de la réussite est déjà tracé ; il ne vous reste plus qu'à l'emprunter avec votre propre sens du style. Vous devez apprendre à suivre ce chemin de manière à générer du succès dans votre vie, sans pour autant vous priver de la liberté et des expériences que vous souhaitez vraiment vivre. Tant que vous apprenez à suivre ce chemin correctement, c'est *vous qui fixez les règles*.

Si ce style de vie libre ressemble à ce que vous voulez, prenez votre exemplaire de *Comment créer de la richesse : Live the Life of Your Dreams Creating Success and Being* Unstoppableafin que vous puissiez commencer à construire la vie que vous souhaitez.

Voici quelques-uns des sujets abordés dans le livre *Comment créer de la richesse* :

- L'état d'esprit que vous devez avoir pour créer de la richesse (indice : *personne ne s'*enrichira jamais sans cet état d'esprit).
- Le pouvoir de la vision et la raison pour laquelle la vision de la plupart des gens n'est jamais qu'une chimère.
- Pourquoi la gestion de vos finances est le premier moyen d'accumuler de la richesse, ainsi que les sept étapes de la

liberté financière et la manière de les transformer en objectifs concrets.

- Le secret le plus important que vous devez connaître pour créer un actif productif de revenus qui vous permettra de payer votre vie de rêve *(je suis toujours surpris que personne d'autre ne semble en parler !)*
- Ce que vous devez *réellement* faire pour créer une entreprise prospère
- Et plus encore !

Si vous êtes prêt à dire "OUI" à votre héritage financier et à commencer à vivre la vie pour laquelle vous savez que vous êtes fait, prenez votre exemplaire de *Comment créer de la richesse* aujourd'hui et commencez à appliquer ces étapes nécessaires dans votre vie. Je vous garantis que si vous les suivez correctement, vous ferez vous aussi partie du club exclusif des personnes qui _atteignent réellement la grandeur._

www.ingramcontent.com/pod-product-compliance
Lightning Source LLC
Chambersburg PA
CBHW071711210326
41597CB00017B/2430